U0154225

遇見老東京

いまむかし東京町歩き

94個昭和風情街巷散步

川本三郎——著
黃碧君——譯

推薦序

消失的地景，我們一起散步找回

李明璁

我第一次離開台灣的旅行就去東京，那是九〇年代後期，我剛從清大研究所畢業，人生有點茫然無以為繼的時刻。

彼時，台灣社會好像正進入一個貌似民主自由的新階段。消費主義的根莖，在日常生活每個縫隙裡密實生長。人們追求各種慾望滿足，對快速流通的外來事物充滿興趣。比如「哈日」，幾乎成了全民運動。

赴日旅行的人數年年破紀錄，這趨勢與在台灣閱聽各類日本流行文化、消費日本食物服飾或生活用品等習慣緊密呼應，形成了一個迴路：我們總在這裡凝視某種理想化的「日本」，把這些想像帶去日本映證實踐，然後再回到台灣繼續想念。

我也不例外地這樣去了東京，起初只是日劇中所呈現的「東京」。但沒想到，雖然只有一星期短短的初體驗，自己卻被深深吸入那個大都會的裡層。從此對我來說，東京不只是一個觀光消費的城市，更是一本百科全書，而且編輯得繽紛好讀。

這麼說並不誇張，即使後來我去了英國留學，對比於倫敦和巴黎等迷人都會的旅居經驗，東京也始終毫不遜色。好像我愈往西方眺望學習，回映出的東京內在就愈發獨特美妙，引人入勝。

後來，我前往東京客座研究，住在西郊的三鷹市，經常在中央線各站進出晃蕩，開始了「電車人類學」式的閱讀與研究。直到回台任教，仍維持著幾乎每年都回訪東京的奇妙習慣，也迷上了各類「東京學」與「路上觀察學」的書寫。

我就是這樣認識並喜愛著大正時期的永井荷風，以及生長於昭和的川本三郎等等，這些作家深入淺出、平易近人的「散步文學」。如今我造訪東京，已經不再特別前往什麼觀光景點，也都選擇住在不同的下町地區，散步就是旅程唯一目的。

川本先生在本書中提到的那些具體的風景，或許已然消逝、只能透過文字或圖片追憶，但如果實際走訪一趟，還是會發現許多地方即使被「都更」抹除了，某種時代的氛圍、庶民的氣味，仍顯現於小丁目裡的瑣細人事物中，微微閃亮。

這裡頭鉅細靡遺體現了近代日本歷史變遷。首先是江戶時代，迎向明治維新，接著大正浪漫，然後是昭和的不斷躍進。如何持續吞吐消化西方現代性、同時又與東方古文明交融混血，東京每個角落都接力著訴說這般故事，而我透過散步靜靜聆聽。聽不膩，也聽不完。

去年因為一場對談，我與仰慕已久的川本先生相識（這真是不可思議，就好像故事書裡的人物躍然現身）。和我父親同歲數的他，竟然就在父親過世一年後偶然來到自己的生命中，並成為忘年好友，如此美好機遇我只能謝天。

對台灣讀者來說，比較熟悉川本先生的形象，似乎還是《我愛過的那個時代》書中的昔日社運熱血青年，或者是最早評介村上春樹的推手之一。然而他在東京學與散步文學主題的眾多作品，雖早已享譽日本，但台灣遲未譯介。

現在，終於有了機會，透過他（以及他博學引述的無數前人作品），我們得以重新認識東京，認識日本，甚至，也重新認識與日本關係密切的台灣自身。就此而言，我深深覺得這本書不只是文人對於消逝地景的懷舊書寫，其實更是充滿前瞻感，能指引讀者想像未來東京、乃至你我居住城市的變遷樣貌。

不過，也先別急著嚴肅思考了，跨越時空散步的愉悅旅程，才將在下一頁展開啊。

（本文作者為社會學者、作家）

台灣版代序

我所懷念的昭和三〇年代

這本關於東京的拙著在台灣翻譯出版，我深感榮幸，但也懷著些許不安，因為這是一本頗深入的專門書籍，非單純介紹觀光景點的旅遊指南。書寫內容主要是「已經不復存在，卻令人懷念的」東京景致和建築物；即使前往當地察看，也看不到書裡所寫的風景，完全變成另一副模樣。東京是個千變萬化的城市，昨天還存在的建築物，今天已然消失……一再重複著這樣的歷程。

一九二三年發生關東大地震。一九四五年戰爭末期，因美軍激烈的空襲轟炸，地景幾乎被摧毀殆盡。一九六四年東京奧運舉辦之際，新幹線開通、高速公路鋪設，城市有了急遽轉變。如今又為了迎接二〇二〇年奧運，再度邁向變革之途。

居住在這樣一個持續變化的城市，總教人對於消逝的昔日風景心生眷戀。我在一九四四年生於東京，在戰後的東京，也就是從戰爭中復甦的五〇至六〇年代間度過少年時期，以日本的年號來說，就是所謂的「昭和三〇年代」。

川本三郎 saburo.

那個時代對我來說就是所謂的故鄉。當時的東京尚有路面電車，以緩慢的速度行駛於城市中，人們的生活也如電車行駛的速度，緩慢而恬適。身為生活在不斷變幻的東京居民，「昭和三〇年代」的東京，總教人無端地深感懷念。

這本書裡描寫的東京各個小鎮和建築物、地點及設施，全是那個時代輝煌璀燦的風景，為東京的人們所熟悉。可惜的是，現在已經消逝，只能留在記憶裡緬懷。

我在去年和今年到台灣旅行，每次去都讓我更加喜歡台灣。我還聽聞台灣人也享受在各地散步的樂趣。大家以各式各樣的方式享受散步，有的人會接觸當地人、欣賞建築物、購物，或是吃頓飯。多數人在散步時都會欣賞眼前風景，唯獨我個人散步的方式有些不同，在看著眼前風景的當下，我會想像著背後已經不存在的過往風景。住在像東京這麼一個豐富多變的城市，以這樣的方式緬懷失去的風景，我認為很重要而且有意義。

本書介紹的眾多風景，對現今住在東京的人來說，已成了不曾見過的過去式，但不可思議的是，他們似乎還對那些景致感到「懷念」。台灣的讀者或許不曾親眼見過書中描寫到的小鎮和建築物，但若還能勾起你們熟悉的懷舊之情，我將深感慶幸。

二〇一六年四月

目錄
contents

中央區

港區

前言

東京是個變化急遽的都市，全世界幾乎沒有一座城市可以匹敵。市容不斷地更迭變化，不久前還存在的建築，曾幾何時已經被新的取代，相同的劇碼在東京各處上演著。邁入近代後，大正十二年（一九二三年）發生關東大地震，加上昭和二十年（一九四五年）的東京大空襲，兩次毀滅性的災難襲捲東京。戰後又為因應東京奧運，進行了都市改造計畫，接著經歷了一九八〇年代泡沫經濟期如「雨後春筍」般的都市更新熱潮。城市的風景接連更迭，瞬息萬變。

森鷗外曾將明治時期邁入現代化的東京稱為「施工中的東京」，進入二十一世紀後，這一點依舊沒變，東京不論何時總有些地方在施工。永井荷風在大正四年（一九一五年）出版了《日和下駄》，可謂散步隨筆的濫觴，序文裡荷風提到執筆動機——有感於東京景致的變化太過迅速，希望能將古老美好的風景記在回憶裡。

本書即效法前人，起於澀谷舊有的戀文橫丁，止於東京近郊的深大寺，走訪九十四個東京各地的建築、街道、風景……大部分已不復見。當中包括縱橫貫穿東京的都電、瀧野川的瓦斯儲氣槽、澀谷的東急文化會館、京橋的第一生命館、淺草松屋頂樓的雲霄飛車、日比谷的日活國際會館、新宿西口的淀橋淨水場，甚至是佃的渡船、數寄屋橋、妖怪煙囪等等，不勝枚舉。

東京太多風景已消失殆盡，我希望將這些失去的城市風景保留在記憶中，本書可說是「已逝風景的點名簿」，亦可稱「已逝風景的型錄」。像東京這樣急遽變化的都市，即便是最近數十年內發生的感懷或回憶都彌足珍貴，我們都必須牢記這些消失的風景。記述巴黎或威尼斯的過去被評價為歷史，但描述東京的過去卻被看輕不過是在懷舊。我無法認同這說法，我們應要好好珍視自己居住的城市的過去。

本書每篇文章引用前人寫過或是說過的景致，當時的文學作品及電影裡描述到的都市剪影，讓我們得以追尋東京變化的軌跡。前人曾經如此細微地刻劃過東京，我們可不能忘記。東京不但是活生生的都市，也是個該被傳述下去的都市。書中引用的作品多半是昭和三〇年代的作品。當時還保留著許多古早的市容，之後都陸續消失了，所以本書也帶有昭和三〇年代濃濃的鄉愁氛圍。

鳩居堂
カバン 袋物
ヲリヤマ

澀谷區

Shibuya

戀文橫丁

❖澀谷區道玄坂二丁目

（三角地帶小巷弄的）兩側擠滿了各式各樣的商店。

——丹羽文雄《戀文》

二戰結束後，澀谷的道玄坂坡道下方與文化村通之間的三角地帶出現了「戀文橫丁」（情書巷）。澀谷車站周邊曾經因為空襲遭受極大的損害，但重建的步伐卻很迅速，市場撐起了這一帶的復甦。

昭和二十二年（一九四七年）石川達三出版的小說《並非沒希望》裡寫道：「（澀谷）最早復甦的是黑市，即後來改稱為市場的棚架式商店街……眾多小型商店毗鄰而居，包圍住小巷弄，宛如迷宮。」戀文橫丁便位在這座迷宮般的市場一隅。

昭和二十八年（一九五三年）丹羽文雄在報紙發表連載小說《戀文》，讓這個地方一炮而紅。《戀文》描寫的景況讓人嗅出戰後市場的熱鬧活力：「（三角地帶小巷弄的）兩側擠滿了各式各樣的商店……美容院、小酒館、壽司店、運動用品店、雞肉雞蛋鋪、花林糖屋、診所與藥房，而壽司店和運動用品店之間，還開了一家內科外科兼備的綜合醫院。」

這裡本來叫「鈴蘭橫丁」，之所以被稱為戀文橫丁，是因為開了一些代客撰寫情書（戀文）的專門店，算是因應這時代誕生的新奇商家。他們主要是替和美軍交往的女性代筆，撰寫英文信給已經返美的士兵，雖說是情書，實則多為金錢糾葛。

澀谷出現戀文屋這樣的生意，與附近是美軍住宅區大有淵源。戰前的代代木練兵場，在戰爭結束後的占領期（所謂的戰後收管）被美軍接收，變成華盛頓美軍住宅區（後來在東京奧運時變成選手村，現在成了代代木公園）。戀文屋深受好評，連立川美軍基地附近的女性也慕名而來。

丹羽文雄的《戀文》在昭和二十八年改拍成電影，由木下惠介編劇，田中絹代導演。軍校出身的宇野重吉和森雅之在戰後經營戀文屋，電影把這一群被世間看輕的女性故事拍得溫暖而深刻，成了這部片的一大賣點。我看了這電影後來發行的ＤＶＤ，片中戀文橫丁的搭景重現了當時熱鬧的氣氛，拍得很好。

戀文橫丁共有三十六家店，其中以餃子店居多，據說東京的餃子店就是發源於這裡。此外，還曾開了不少二手書店，架上擺放著最新一期的美國雜誌和平裝本外文二手書，全因為距離華盛頓美軍住宅區很近的地緣之便。知名散文家植草甚一常去的外文二手書店石井書店也在附近，這一帶也算是風雅文化之地。

戰後的紛亂終於塵埃落定後，這一帶成為都市更新的對象，於東京奧運前消失了蹤影。現在109大樓旁雖立著「戀文橫丁所在地」的標誌，卻沒有任何說明，經過澀谷的年輕人對它想必是一頭霧水吧！

東急文化會館

❖澀谷區澀谷二丁目

在澀谷車站連接萬神殿電影廳二樓的高架橋下，我看到了格里。

——荒木一郎《黑夜之後的亞林歌》

從澀谷搭上地鐵銀座線，在東急東橫百貨店內的車站駛出的地鐵，前兩百公尺的路段在地上行駛，右手邊可以看到建築工地。這裡以前是東急文化會館所在地，二〇〇三年被拆除。

昭和三十一年（一九五六年）十二月東急文化會館開館，這棟複合商業娛樂設施成為澀谷新地標。館內的五島天文館，是小學生校外參觀的著名地點。此外，「文化理髮室」因常客長嶋茂雄而聞名。對電影迷來說，這裡還有座四個電影院的綜合影城，包括新片首映的萬神殿電影廳、澀谷東急二番館、東急名電影座及專門播放將新聞事件拍成短片的東急報導廳。

東急文化會館開始營業的昭和三十一年，是一個戰後混亂期告終、即將邁入高度經濟成長期的光明時代。這一年東京除了萬神殿之外，加上築地的松竹中央劇場（九月）、歌舞伎町的新宿駒劇場（十二月），共有三個首輪電影院隆重開幕。

當時的國中生難得有機會看新片，我在萬神殿看的電影只有約翰・休士頓導演，畢特・蘭卡斯特和奧黛莉・赫本主演的西部片《恩怨情天》（*The Unforgiven*，一九六〇年）和約翰・韋恩自導自演的西部片《邊城英烈傳》（*The Alamo*，一九六〇年）兩部吧！很難得的珍貴體驗，大銀幕讓我震憾不已。後來史帝芬・史匹柏的《外星人》（*E. T.*，一九八二年）和奧立佛・史東導演的《前進高棉》（*Platoon*，一九八六年）也在這座電影院上映。

平成十五年（二〇〇三年）八月號《東京人》裡川上典李子執筆的〈永別了，澀谷東急文化會館〉一文提及，設計者是當代建築之父，也是師事柯比意的坂倉準三，連接東急文化會館和澀谷車站的「空中走廊」為一大特色。

荒木一郎以東京奧運前的澀谷為舞台背景的青春小說《黑夜之後的亞林歌》中，主角的「我」和朋友「格里」相約在空中走廊見面：「在澀谷車站連接萬神殿二樓的高架橋下，我看到了格里。」文中的「高架橋」指的即是空中走廊。年輕時，每次在萬神殿或澀谷東急看電影時，我總是在空中走廊狂奔、趕在播映前一刻入場。

東急文化會館會掛出萬神殿電影廳即將上映的新片大看板。昭和三〇年代的東映電影公司人氣系列「警視廳物語」裡的《七位追蹤者》（一九五八年）上演時，畫面拍到了澀谷，正掛著格倫・福特主演的西部劇《牛仔》（*Cowboy*，一九五八年）的大看板，真教人懷念。

東急文化會館所在地如今成了文化設施「Hikarie」，於二〇一二年六月開幕，蓋有音樂劇劇場等設施。東急百貨本店的一樓入口附近，放置了東京奧運時的澀谷車站站前東口的立體模型，重現了東急文化會館和空中走廊的模樣。模型裡的電影大看板是約翰・史達區導演的《第三集中營》（*The Great Escape*，一九六三年）。

圓山町

❖澀谷區

到了夏天，藝伎僅穿著和服內衣、半裸地在陽台上晾衣服。

——大岡昇平《少年》

走上道玄坂，朝右側延展而去的區域就是圓山町，是都內少數的賓館街，總共約有六十間。這一帶顯眼的氣派飯店，從大正到戰後的昭和三十年為止一直都是知名的花街，曾有藝伎出沒。

大正到昭和期間，居住道玄坂附近、在現在的東急本店一帶度過少年時期的大岡昇平在自傳《少年》（一九七五年）裡，回想住家附近的圓山町花街寫道：「（圓山花街的茶室）到了夏天，藝伎僅穿著和服內衣、半裸地在陽台上晾衣服。」現今實在很難想像這樣的光景。

戰前澀谷往西一帶，從池尻到三宿、三軒茶屋附近蓋有許多軍事設施，是圓山町繁榮起來的主因。戰後，進入昭和三〇年代這條花街興建起賓館，當時的說法是幽會旅館。

昭和三十一年（一九五六）上映的電影，舟橋聖一原著，山田五十鈴、瑳峨三智子主演的《鴛鴦之間》（木村惠吾導演）以圓山町的旅館街為舞台背景。和母親（山田）吵架離家出走的女兒（瑳峨）來到圓山町，開始在旅館當起仲介人。突然走進旅館就立即被雇用，可得知當時的旅館業生意興隆。旅館老闆娘還說，「這種地方就是要不干涉客人，才做得起生意喔！」原來如此。

三島由紀夫於昭和三十三年到三十四年間執筆的《鏡子之家》中，和丈夫分居的女性跟年輕演員相約見面而去到了澀谷：「（她）和情夫私會時，刻意離開自己的公寓，使用澀谷一帶的旅館……（旅館）一間一間分布其中，水池延伸出複雜的水道，區隔出每棟別館，深夜有時還能聽到鯉魚的跳水聲。窗外可望見澀谷車站附近和高台上近百間旅館的霓虹燈招牌，但周圍異常地靜謐。」

裏澀谷延伸出廣大腹地，最適合男女幽會。其實昭和三〇年代說要「去澀谷」，大多指圓山町的旅館。

昭和三十六年（一九六一年）上映的電影，圓地文子、松元松代原著，大庭秀雄導演的愛情通俗劇《女舞》中，能樂師（佐田啟二）邀約了美麗的舞蹈大師（岡田茉莉子），搭上計程車後，只對司機說了「請到澀谷」，司機就了然於心，開往圓山町。

這花街是何時成為男女幽會的旅館之町呢？佐野真一非虛構的佳作《東電ＯＬ殺人事件》（二〇〇〇年）中，對於這個大哉問有耐人尋味的說明：昭和三〇年代初，奧飛驒因建設御母衣水庫，導致整個村子幾乎被淹沒，村民收到巨額補償金，接二連三移居到圓山町，開始建造、經營幽會旅館——揭發了令人意外的事實。

徹底變成賓館街的圓山町，令人意外地還有幾間平民的居酒屋，也可算是花街時期殘留下來的風情吧！

玉電

❖澀谷、目黑、世田谷

桂同學不只自己加入偵探隊，還去邀請住在玉川電車沿線、同屆的篠崎始同學，兩人結伴組隊。

——江戶川亂步《少年偵探隊》

「玉電停駛」感覺還是不久前的事，但實際上已經過了四十幾年。現在的東急田園都市線下方的玉川通（國道二四六號）以前是東急玉川線，通稱「玉電」的鐵道線路。和行駛在市中心的都電一樣，是路面電車（部分路段為專用軌道），連結澀谷和多摩川沿岸的遊樂園二子玉川園。中間會經過三軒茶屋、駒澤大學所在的駒澤及長谷川町子的漫畫《蠑螺小姐》裡磯野家所在的櫻新町等地方。

前身是玉川電氣鐵道（因此稱為玉電），於明治四十年（一九〇七年）開業，最初是為了將多摩川河岸的砂石搬運到市中心而鋪設的。沿線在關東大地震後發展成郊外住宅區，玉電也因此被稱為郊外電車（現今所謂的東京郊區已往更外圍因擴展，「郊外電車」一詞已經沒有人懂了吧！）。

曾有作家搭過當時的玉電，那就是永井荷風，他在日記《斷腸亭日乘》[註]大正十三年（一九二四年）十一月六日裡寫道，這一天荷風搭乘玉電來到郊外，也就是現今的目黑區駒場往世田谷區池尻附近：「因為想看郊外的黃葉，下午便搭乘玉川電車在世田谷下車，順著街道走下坡，越過潺潺細流，一路走在野外小徑，抵達陸軍獸醫學校後方。」

「世田谷」就是現在的田園都市線的池尻大橋站附近，「陸軍獸醫學校」則是筑波大學附屬駒場高中一帶。從「細流」、「野外小徑」的描述來看，當時沿線還保留著武藏野的風貌，周圍有許多軍備設施。

玉電沿線還有很多老屋舍。江戶川亂步的《少年偵探隊》（一九三七年）裡，「（偵探隊的成員之一的）桂正一同學的家，就在世田谷區玉川電車沿線」。此外，「桂同學不只自己加入偵探隊，還去邀請住在玉川電車沿線的同居、篠崎始同學，兩人結伴組隊。」這位篠崎同學家的財物被怪盜「二十面相」鎖定，可以看出住在玉電沿線的篠崎家很有錢。

昭和三十年（一九五五年）上映的東寶懸疑電影《沒有形體的目擊者》（日高繁明導

演）裡，住在櫻新町的少年（久保賢，後來的山內賢）目睹了有錢鄰居家裡發生的殺人事件。這位少年喜歡拍照，搭著電車來到多摩川拍攝河邊風光……玉電可說是少年日常生活中熟悉的風景。

因執導《超人力霸王》等片而知名的實相寺昭雄導演（一九三七年，東京出生）曾回憶自己小時候上麴町的小學，前往位於玉電沿線的用賀的學校農園時，都要到澀谷搭乘玉電。

「前往農園時，我們會在澀谷搭乘玉川電車，玉電的車站和井之頭線（當時的帝都電鐵）並排，位置略低。」（《超人力霸王的東京》，二〇〇三年）

玉電在昭和四十四年（一九六九年）消失了蹤影。

註：一九一七～一九五九年永井荷風的日記。「斷腸亭」指荷風的書房，自稱斷腸亭主人，也是「秋海棠」的別名。「日乘」音同「日常」，為日記的別稱。

千駄谷

❖澀谷區千駄谷

更不可思議的是，這附近在戰前明明是知名的優質高雅住宅區，卻蓋了許多溫泉旅館，以致聽到千駄谷依然讓人聯想到幽會旅館。

——鮎川哲也《憎惡的化石》

中央線的千駄谷車站至代代木車站、山手線的原宿車站至代代木車站之間，這二條線路圍成的三角地帶（澀谷區千駄谷一丁目到四丁目）在昭和三〇年代有很多幽會旅館，也就是現在說的賓館。

當時新宿的電影院傳單背面經常刊登這處旅館街的廣告。我讀著手邊有的資料，文宣寫著「坐擁千駄谷、原宿的森林，安靜優雅的高級旅館」、「從新宿叫車只要五、六分鐘」，還附上地圖、介紹了十來間的旅館。

鮎川哲也於昭和三十四年（一九五九年）出版的推理小說《憎惡的化石》中，調查殺人事件的刑警在千駄谷下車，走在街上看到「竟然有這麼多這類旅館」，大吃一驚。

鎮上四處還餘留著空襲過後的斷壁殘垣。昭和三〇年代初始，東京到處都在為復甦而建設著，千駄谷的空襲痕跡卻還隨處可見，刑警因而驚訝不已。此外，「更不可思議的是，這附近在戰前明明是知名的優質高雅住宅區，卻蓋了許多溫泉旅館，以致聽到千駄谷依然讓人聯想到幽會旅館。」

戰前原本是「優質高雅住宅區」，戰後卻變成了「幽會旅館」街。戰爭改變了街道的樣貌，世代也跟著替換。

昭和三十七年（一九六二年）大映電影公司的懸疑電影《誘拐》（田中德三導演）中，當時的巨星女演員田中康子主演的有錢人家太太偷情時，就是前往千駄谷。正好符合了鮎川哲也書寫的昭和三〇年代、「聽到千駄谷依然讓人聯想到幽會旅館」的描述。

科幻作家廣瀨正的膾炙人口之作《負零》（一九七〇年）中，昭和二十年（一九四五年）當時的十七歲女性，搭乘時光機穿越時空現身在昭和三十八年（一九六三年）的東京街頭，被帶到千駄谷的旅館，「啊，這裡竟然有溫泉……」又驚又喜。只知道「優質高雅住宅區」的千駄谷的戰前少女，看到「溫泉標誌」（所謂的「倒水母」標誌）誤認為純泡湯的溫泉。

近現代文學學者藤井淑禎的《清張推理小說與昭和三〇年代》（一九九九年）中研究了松本清張的短篇作品〈發作〉（一九五七年）裡出現的「代代木旅館」一詞。對於「為什麼這一區有很多這樣雙人入住的旅館」的疑問，提出了他的看法：因為這裡是上班族中途下車的鬧區，離新宿很近（也可說是裏新宿）。

最繁盛時期旅館高達九十幾間，甚至引起當地的鳩森小學家長會為此舉辦了環境淨化計畫。

然而，這些旅館已不復存在。直木賞作家木內昇的《茗荷谷的貓》（二〇〇八年）的最後一章，以東京奧運前的千駄谷作為舞台，主人翁青年眼中鋪有古老西班牙磁磚的時髦房屋，已不再有原本幽會旅館的影子。

新宿區

Shinjuku

舊新宿車站

❖新宿區新宿三丁目

沿著（三越的）大樓右轉，後方的幾條小巷裡，有許多小販席地擺攤，一副露天市集的熱鬧模樣。

——林芙美子《浮雲》

新宿町是在昭和三十九年（一九六四年）的東京奧運時才整個脫胎換骨。紀伊國屋書店大樓的更新改建（前川國男設計），從馬路連接至建築內的散步道令人感覺新鮮，搭手扶梯可以從馬路直接上二樓，成了年輕人見面約會的人氣地點。

新宿車站也變得煥然一新，車站建築本身就與商業設施共構（現在的Lumine Est），剛蓋好時同樣令人感到新鮮。這之前的新宿車站建築是關東大地震後，也就是大正十四年（一九二五年）改建的車站（第二代）。新宿町和下町相比，受災程度較小，所以地震後迅速地發展起來。

永井荷風的《斷腸亭日乘》昭和六年（一九三一年）一月十三日這天的記載，荷風來到睽違的新宿町散步，寫下當時的心情：「新宿一帶的繁華著實令人驚訝。」

昭和四年竄紅的人氣歌曲，由西条八十作詞，中山晉平作曲的〈東京進行曲〉的第四段歌詞「改變的新宿／那武藏野的月亮／也探出百貨公司的屋頂」，唱出新宿的變化。據磯田光一的名著《思想的東京》（一九七八年），這是第一首歌頌新宿的歌謠，可看出這時期新宿發展之迅速，現在東口廣場一隅豎立著西条八十的詩碑。

地震時倖免於難的新宿，在空襲中卻成了大火燎原之地，遭到嚴重的毀損。但在出現了高呼「光從新宿開始」口號的市場後（組合屋的小津組所建）立即踏上復興之路。

林芙美子的《浮雲》裡的主人翁「由紀子」戰後走在新宿街頭，對立即從空襲中復甦、展現活力的樣貌大感驚訝：「睽違好幾年的新宿，依然熱鬧雜踏……沿著（三越的）大樓右轉，後方的幾條小巷裡，有許多小販席地擺攤，一副露天市集的熱鬧模樣。」

戰爭結束後有許多情侶相約在這這座新宿車站，一如昭和二十二年（一九四七年）黑澤明導演的《美好的星期天》當中，年輕的情侶（沼崎勳、中北千枝子）星期日相約在新宿車站，從擁擠的小田急電車下車的中北千枝子走過長長的地下道，步出東口，與等候的沼崎勳會合。

當時的車站建築或許是因為受到空襲而燻黑，而長長的地下道可說是舊新宿車站的集體回憶。昭和二十六年（一九五一年）市川崑導演的作品《戀人》裡，隔天就要舉辦婚禮的久慈朝美和童年好友池部良最後一次約會，兩人在銀座相會後，為了搭乘小田急電車，在午夜回到新宿車站。

走在長長的地下道，除了兩人之外沒有半個路人。和青梅竹馬分別、隔天就要嫁人的久慈朝美，在這條空洞昏暗的地下道顯得更加哀傷。這條地下道也因為昭和三十九年（一九六四年）的改建而變得明亮。

新宿車站看向三越方向，新宿井然有序的街景。（攝於1951年．東京都提供）

新宿旭町

❖新宿車站南口附近

> 我住在新宿旭町的木造簡易旅館。石崖下的融雪，讓道路變得像紅豆餡般泥濘不堪，路邊的旅人住宿處，一晚只要三十錢，讓滿身泥濘的我得以躺下。
>
> ——林芙美子《放浪記》

新宿車站的南口一帶有高島屋、東急手創館、南方戲院等繁華市容，然而因為開發而急速成長是近年才有的事，直到一九八〇年代，這附近一直殘留著戰後雜沓紛亂的氛圍。

從新宿車站的南口出站，眼前是甲州街道的陸橋，右邊的石階一帶在戰後是市場，有許多小餐廳。石階下方，昭和的畫家松本竣介的〈新宿的公廁〉（一九四一年）裡描繪的公共廁所，直到一九九四年都還存在。下了石階穿過陸橋下方沿著鐵道往代代木方向走去，是一整排的簡易旅館區，也就是所謂的「旭町住宿街」。

新宿在關東大地震時受災不嚴重，地震後發展迅速，只有「旭町住宿街」被遠遠拋在開發熱潮之後。一九二六年旭町出生長大的作家野村敏雄在《新宿裏町表町》（一九九三年）中將旭町描述為「細民街」、「貧民窟」、「貧戶區」。「以長年歲月來看，拜新宿發展之賜，我住的街區成了邊緣人匯集地。」這一帶雖沒有任何外援，卻默默溫暖地接納來到東京的人們。

關東大地震前的大正十一年（一九二二年）從尾道上京、年輕無名的林芙美子來到新宿時，常住在陸橋下的木造簡易旅舍。在她的成名作《放浪記》（一九三〇年）裡，時常出現旭町的名字：「我住在新宿旭町的木造簡易旅館。石崖下的融雪，讓道路變得像紅豆餡般泥濘不堪，路邊的旅人住宿處，一晚只要三十錢，讓滿身泥濘的我得以躺下。」

那時一個紅豆麵包是兩錢五厘，習慣了貧窮生活的林芙美子一點也不以住在這樣的旅館為苦。早晨混在工人堆裡，在旅舍附近的大眾食堂裡食慾大開地展開充滿朝氣的一天。住宿處的女老闆溫柔地對求職的「我」說，找到工作以前都可以住在這裡喔……令人感到溫暖的人情味。

林芙美子應該對旭町充滿了美好回憶。戰後的短篇傑作〈骨〉（一九四九年）裡描寫戰後只能以賣身維生的寡婦，在新宿南口街道上拉客，接著進入旭町旅館的身影。這個町也接納了這些不幸的女性。

旭町戰後一直帶著「裏町」的氛圍。昭和三〇年代的東映人氣系列「警視廳物語」的第三集《追蹤七十三小時》（一九五六年，關川秀雄導演）和同樣是東映出品、昭和四十一年（一九六六年）的《脅迫》（深作欣二導演）中，最後犯人都在陸橋下遭到逮捕。整排簡易旅館的旭町在這兩部電影中入鏡，成為珍貴的畫面。

我實在不太想把這裡告訴別人，其實再開發後的陸橋下現在仍然有著《放浪記》裡出現的大眾食堂，如奇蹟般地營業著。我時常來此獨飲啤酒。

淀橋淨水場

❖新宿區西新宿

「住在新宿的我，竟然不知道有這樣的地方。」

——《夜之鱗片》桑野美雪的台詞

東京奧運之前，現今的新宿副都心曾有個淀橋淨水場，如今已愈少愈人記得這件事了。私小說作家小沼丹在隨筆〈那時的新宿〉中曾寫道，戰前駛過這座淨水場旁的市電（新宿至荻窪之間）：「只搭了一站下車後，是名為淨水場前的地方，附近有精華女子學校。」精華女子學校因校舍攀滿地錦花而聞名，現在已不復存在。

《淀橋淨水場史》（一九六六年）一書回顧了這地景的歷史，明治十九年（一八八六年）霍亂大流行，導致不少居民喪生，建設近代水道被視為當務之急。政府在玉川上水沿岸的平坦土地上選擇了寬廣的淀橋為建設地點，也就是新宿車站的西口，現在的西新宿一帶。多摩川的河水經由玉川上水運到此處，經過淨化處理後供市民使用。淨水場於明治二十六年（一八九三年）開始建設，五年後正常供水。

永井荷風的名著《濹東綺譚》（一九三七年）裡，來到玉井的娼樓的「我」第一個開口問私娼「雪」的問題即是：「這裡是井水還是自來水？……比起性病，我更害怕腸胃病毒類的傳染病。」所幸玉井是自來水，水管的完備算清潔衛生的近代化指標。

淀橋淨水場被明治政府的定位為國家建設，統整基本構想的是明治二十一年（一八八八年）成立的內務省調查委員會，七位委員裡有一位是永井荷風的父親、時任同省衛生局的永井久一郎。

戰爭結束後，實際上仍受美國占領軍的掌管。據當時都水道局淨水課的隈元啟二所述，當時太宰治跳玉川上水的殉情事件震撼了占領軍：「如果他服了氰酸鉀之類的毒物，毒素在水中擴散不是很危險嗎？因而派負責的人計算水量。」這簡直杞人憂天。

淨水場蓋好的當時，可知道新宿西口尚屬郊區，淨水場旁邊還有淀橋瓦斯儲氣槽（現在的新宿公園塔）。

白石實三於大正十年（一九二一年）出版的《武藏野巡禮》中寫道，「這都會西區郊外的居民，沒有人不知道淀橋的貯水場及瓦斯儲氣槽，因為它是如此的特殊，位於西郊。」淨水場和瓦斯儲氣槽成了淀橋的地標。後來隨著都市化政策的規劃，全都被移到郊區。淨水場在東京奧運後，於昭和四十四年（一九六九年）遷移至東村山市新蓋的淨水場。

早於昭和三十九年（一九六四年）上映的松竹電影《夜之鱗片》（中村登導演）裡的新宿娼婦桑野美雪，和想跟她結婚的建築技師園井啟介約會，地點就選在淀橋淨水場。兩人走在水邊、水面平靜，遠方只看得到剛蓋好的小田急百貨。桑野美雪感嘆道：「住在新宿的我，竟然不知道有這樣的地方。」淨水場珍貴的最後模樣被拍了下來。

淨水場遷移後，這裡變成京王廣場飯店，接著高樓大廈如雨後春筍般地蓋了起來，發展成新宿副都心。現今的新宿艾爾塔前立著「淀橋淨水場舊址」的石碑。

學生下宿

❖新宿區西早稻田二丁目等地

緒方寄宿的房間位於戶塚一丁目大街後巷的一角。古老的木造二樓建築物。想必是少數倖免於難的戰前建築物。

——五木寬之《青春之門》

早稻田大學附近有兩棟以前學生們寄宿的老房子，現在竟然還有這麼古老的建築被保留下來，太令人感動了。這兩處學生下宿（學生寄宿處）即是西早稻田二丁目的宏明館和高田馬場一丁目的日本館，目前都有學生寄住其中。

宏明館建於昭和元年（一九二六年），現在已被登錄為有形文化財，日本館則建於昭和十一年（一九三六年）。兩者都是木造二層樓房屋，日本館還有圓形屋頂，造形時尚。昭和時期大學城附近有為數眾多的學生寄宿處，多是木造二層樓的建築物，讓人聯想起和風旅館。每個房間大小約四疊半註左右，特色是供應三餐，對從外地來東京念書的學生來說，太萬幸了。

五木寬之的《青春之門》（一九六九年～）裡的主人翁青年伊吹信介從筑豐上京進早稻田大學求學，因偶然的機會結識了優秀的大學長緒方，住進大學附近的宿舍，在寄宿處展開東京生活。昭和三十年（一九五五年）前後，這些寄宿處都毗鄰大學而建：「緒方寄宿的房間位於戶塚一丁目大街後巷一角，古老的木造二樓建築物，想必是少數倖免於難的戰前建築物。」

宏明館和日本館一樣，戰前就是供學生寄宿的宿舍。也會有年輕女孩寄住，讓從筑豐上京的伊吹信介對都市充滿朝氣的女孩怦然心動。這裡的美麗少女房客想必是寄宿處的活招牌吧！

因為有供餐，這樣的宿舍也有許多貧窮書生寄住，另外也是尚未成名的作家的最佳住處。以瀟灑著稱的昭和私小說家尾崎一雄就是早稻田出身的，大學畢業後的昭和初期，仍住在早稻田附近的學生寄宿處，腳踏實地筆耕著不怎麼賣的小說。他後來和金澤出身的女性結婚，沒有經濟餘裕，無法買下整棟住家的新婚夫妻就在學生寄宿處的房間

註：日本學生宿舍標準尺寸，指四張半塌塌米大小，換算約二點二五坪。

展開新婚生活。

回想這段貧窮卻幸福的新婚生活作品《芳兵衛物語》（一九四九～一九五〇年）裡，芳兵衛和暱稱為芳枝的太太，起初也是在老舊的學生寄宿處生活：「我一點也不介意。寄宿處對來到東京的我來說也是新鮮的體驗，我覺得很有趣啊。寄宿處，感覺很愜意呢。」

這部作品後來在昭和三十四年（一九五九年）由東寶改拍成電影《愛妻記》，由法蘭奇堺、司葉子主演，久松靜兒導演。雖然是搭景拍攝，但很忠實地重現昭和初期的學生寄宿處的模樣，六疊左右的小房間成為兩人的甜蜜新房。

以《我的荷風》等作品成名的昭和私小說作家野口富士男也住在早稻田大學附近，私小說作家的生活很艱苦，據說在昭和二十五年（一九五〇年）乾脆將自宅的一部分改造成學生寄宿處。

「學生下宿」這個詞現今已經沒有人在用了吧……

十二社

❖新宿區西新宿四丁目

一過了晚上十一點，十二社的咖啡廳和餐廳裡，清一色是結束整天工作後前來覓食的女孩，好不容易步調趨緩的店內又開始忙碌起來。

——角田光代《樹屋》

日文「十二社」的唸法是「じゅうにそう」，位於新宿西口、現今的新宿中央公園附近，是西新宿昭和四十五年（一九七〇年）之前的舊町名。這地名來自現在中央公園裡的熊野神社，是主要祭祀十二神的寺社。

對於和我同世代的人來說，十二社的地名比起西新宿更有感情。所以，當我讀著角田光代最近寫的《樹屋》時，書裡竟然出現這教人懷念的十二社，我真是又驚又喜。

這是講述一個三代家族在新宿經營中華料理店的故事，從滿州（中國東北）遷回日本的第一代祖父母辛苦一輩子才擁有自己的店，地點正位於十二社。在昭和二十五年（一九五〇年）前後生意相當興隆。「一過了晚上十一點，十二社的咖啡廳和餐廳裡，清一色是結束一整天的工作後前來覓食的女孩，好不容易步調趨緩的店內又開始忙碌起來。」

現在這裡已沒有燈紅酒綠的氣氛，但在戰後不久確實曾經是花街柳巷。我還是大學生時的昭和四〇年代初始，還有個御手洗池，周圍留有幾間料亭。

按出生於戰前的新宿作家野村敏雄的《新宿裏町表町》（一九九三年）書中所述，江戶時代，這裡正是江戶西郊的熱鬧遊樂街。之後雖然沉寂一時，但又在第一次世界大戰後因景氣好轉，從遊樂街變成花柳街而市容再度恢復活力。「我年少時，十二社的水池周圍，有好幾間茶屋並排而建，池子裡還可看到屋形船。」

甚至有詩人在昭和初期熱鬧喧騰的十二社開了燒烤店，那就是年輕的草野心平，昭和六年（一九三一年）當時二十八歲的他是個有妻小的窮詩人。某天，住在目黑町的他肩上讓剛滿二歲的長男跨坐著、出外散步時，看到原野中有一處老舊攤販，因而興起了賣串燒的念頭。

他起先在麻布十番做生意，後來移到新宿，他這麼回憶道：「我們最後遷移到十二社的池邊，池子裡映照著花街的霓虹燈，絃歌響起，但白天的泥池才是我們習以為常的景色。」當時這附近除了串燒店外，還有各式各樣的攤販，或許是因為競爭太激烈而經營慘澹，詩人隔年就把店收了，真可惜。

昭和四〇年代初是十二社發光發亮的末期。根據武居俊樹《我寫了關於赤塚不二夫!!》（二〇〇五年）一書的描述，赤塚不二夫、藤子不二雄、角田次郎等人氣漫畫家的工作室都選在十二社的四樓建築裡。赤塚的《御粗松君》、藤子的《妖怪Q太郎》、角田的《黑團》等，這些《少年Sunday》裡連載的人氣漫畫都誕生於十二社。

現在十二社的名字只能在少數的巴士站牌中找到。

國立競技場

❖新宿區霞丘町

舉著火炬的選手，以踏實的步伐跑上聖火台，在看到火被點燃的剎那，我的眼眶不自覺盈滿淚水。

——向田邦子《沉睡之盃》

昭和三十九年（一九六四年）東京奧運的舉辦場地——千駄谷的國立競技場完工於昭和三十三年（一九五八年）三月，這一年的十二月底東京鐵塔也竣工，是戰後復興具代表性的一年。當時我還是搭乘中央線上學的初中生，當電車駛出千駄谷車站開往信濃町車站時，右側看到的即是這座讓人誇耀不已的嶄新競技場。

這區域在明治時代是青山練兵場，在大正三年（一九一四年）變成神宮外苑，大正十三年則建造了明治神宮外苑競技場，也就是國立競技場的前身。這裡不但是田徑賽場，還舉行足球賽、橄欖球賽，最令人難忘的則是昭和十八年（一九四三年）十月在雨中舉行的學生壯行大會[註]，使這裡蒙上了悲傷記憶（現在場內豎著「出陣學徒壯行之地」碑文）。

戰後一如前述，新國立競技場誕生，完工後的五月立即舉辦了第三屆亞洲田徑大賽，因為賽事成功落幕，才讓之後的ＩＯＣ（國際奧運委員會）總會決議讓一九六四年的第十八屆奧運在東京開辦。

現在回想起來，國立競技場可說是為了舉辦奧運的遠大目標而建造的。

美空雲雀、江利知惠美、雪村泉三位女孩主演的青春電影《三人組》（杉江敏男導演），拍攝於一九六四年奧運開始前，裡面出現了竣工不久的國立競技場。

在電視台擔任導播的江利知惠美和攝影師夏木陽介一起來到這裡取材，藍天下沒有半個觀眾的廣大競技場占滿整個畫面。油綠的草坪和後來成為田徑場必備的紅土跑道呈現鮮明對比，美不勝收。江利知惠美身一時興起站上了聖火台，身上的純白裙子被吹得翻飛，想必當下體驗到了傳遞聖火選手的心情了。達成戰後復興目標、處於高度經濟成長的高峰期，這個時代的青春是多麼的明亮清新啊！

註：學生們被徵召上戰場前的集會。

說說我個人的回憶。或許很多人不相信，昭和三十七年（一九六二年）我高中三年級時，學校的秋季運動會就在這裡舉行的。當時似乎可以外借給學校舉辦運動大會，我在奧運舉辦前就先跑過了紅土跑道，真是幸運。

向田邦子在即將邁入三十歲前，慢慢地把工作重心轉向廣播和電視。和家人一起住在杉並區本天沼的她，年過三十後決定要離家自立門戶。她在某個秋日，搭乘不動產公司的汽車從青山到麻布各處看了一天的房子。途中從坡道上看見了國立競技場，當天正好是奧運的開幕典禮：「舉著火炬的選手，以踏實的步伐跑上聖火台，在看到火被點燃的剎那，我的眼眶不自覺盈滿淚水。」這一刻的國立競技場也象徵著「女性自立」時代的來臨吧！

聖德紀念繪畫館

❖明治神宮外苑

視野下方有信濃町車站的國電駛進駛出，遠方可看到高聳的明治紀念館的森林和對面的大宮御所的森林，重疊連綿地劃破天空。

——三島由紀夫《鏡子之家》

平成二十二年（二〇一〇年）是明治神宮入神鎮坐九十年的紀念之年。眾所周知，明治神宮是為了祭祀明治四十五年（一九一二年）駕崩的明治天皇和大正三年（一九一四年）駕崩的昭憲皇太后而興建，動工於大正四年，竣工於大正九年。當時這一帶尚屬東京郊外，是天皇家的領地。

明治神宮分成內苑和外苑。外苑曾是青山練兵場所在之處。每年十一月三日的天長節，明治天皇親臨舉行觀兵典禮，皇室的大喪也都在這裡舉行。

夏目漱石的《其後》（一九一一年）裡，主人翁代助造訪住在青山的兄嫂家之後，回程時搭乘市電看著青山練兵場的一幕：「（市電）經過練兵場旁時，層層疊疊的烏雲在西方被劃開，梅雨天罕見的夕陽將整片廣闊的原野染紅。」

「廣闊的原野」的描述，確實展現出當時東京郊外的景色。明治三十八年（一九〇五年）生於東京的電影導演成瀨巳喜男的回憶散文〈故鄉與東京〉（一九五三年）裡提及，這片原野也是外國來的飛行員演練飛機迴轉的地方：「（孩童時期的我）追著蚱蜢四處奔跑遊玩的原野變成了現在的明治神宮外苑。在還被稱為青山原野時，亞瑟．史密斯、查理．奈爾斯、凱薩琳．史汀松等國外飛行員都陸續來到東京，表演空中翻轉。」

這裡的「原野」後來變成明治神宮外苑，中心地帶是大正十五年（一九二六年）竣工的明治神宮外苑繪畫館，正式名稱為聖德紀念繪畫館。設計者是佐野利器，左右對稱的圓頂建築物宛如古代皇室陵墓，展示著明治天皇相關的繪畫。館區位於青山通的整排銀杏巨木的方前方，地點絕佳，不僅成為外苑的中心，也是代表性的建築。

三島由紀夫的長篇小說《鏡子之家》（一九五九年），寫著住在中央線信濃町車站附近高台上的中產世家的女兒鏡子，與來訪鏡子工作室的四位青年的故事，從鏡子的住處可以看到繪畫館。「鏡子的家位於高台崖上，進入大門、越過庭院後廣闊景致淨收眼底。視野下方有信濃町車站的國電駛進駛出，遠方可看到高聳的明治紀念館的森林和對面的大宮御所的森林，重疊連綿地劃破天空。」

高見順原著，五所平之助導演的佳作《再一次》（一九四七年），是昭和軍國主義時期度過暗澹青春的情侶（龍崎一郎、高峰三枝子）悲傷的戀愛故事，兩人常約在繪畫館前見面。原著裡沒有提到繪畫館，電影裡卻被拍出來的原因是建築物本身就像幅畫吧！這和《請問芳名》裡的數寄屋橋一樣。

聳立在東京正中央的繪畫館，在蒼鬱的樹木包圍下，看起來就像座神秘莊嚴的古墳。

歌聲喫茶

❖新宿、澀谷等地

穿著奇怪的Rubashka的男生，趁著端酒或杯子的空檔，膝上放著手風琴唱著俄羅斯民謠。

——遠藤周作《我‧拋棄的‧女人》

昭和三〇年代，在那個學生幾乎都穿學生制服的時代，歌聲喫茶（歌唱咖啡店）即是大受年輕世代歡迎的地方，大家配合手風琴伴奏，唱著勞動歌曲或俄羅斯民謠。原本不認識的人也瞬間變得心靈相通，這一點和當時興盛的遊行有點類似。名字雖為「歌聲喫茶」，但也供應酒，所以算是「歌聲酒場」（歌唱酒店）。

遠藤周作描寫昭和三〇年代學生的苦澀青春的《我‧拋棄的‧女人》（一九五〇年）中，主人翁的「我」如此形容「歌聲酒場」：「現在已逐漸沒落的歌聲酒場，是當時我們學生經常出沒的地方。……穿著奇怪的Rubashka（俄國民族服裝）的男生，趁著端酒或杯子的空檔，膝上放著手風琴唱著俄羅斯民謠。」

歡樂地高唱俄羅斯民謠，表示學生們還對社會主義抱有幻想吧！遠藤周作的小說於昭和四十四年（一九六九年）由浦山桐郎導演拍成電影，也出現了歌聲喫茶。

河原崎長一郎飾演的主角為早稻田大學的學生，透過雜誌的筆友欄（真懷念！）結識福島縣出身的女員工（小林利江）。某日兩人約在澀谷車站前忠犬八公銅像前見面，青年帶著她到當時學生聚集的歌聲喫茶（應該是以生活在澀谷的底層邊緣人為原型吧）。

店內幾乎被學生們塞爆，也有很多女大學生，服務生穿著Rubashka（不知為什麼歌聲喫茶總是和Rubashka搭配出現）。隨著手風琴的伴奏，大家唱著俄羅斯的民謠〈一星期〉：「星期日到市場去……」頓時店內氣氛熱絡。

岩橋邦枝原著，古川卓巳導演的《逆光線》（一九五六年）中，女大學生北原三枝和同學一起到新宿的歌聲喫茶。她雖然是積極和大學教授談戀愛的「戰後派」，但和同學們一起唱著「年輕人啊，要鍛鍊身體」（出自〈年輕人啊〉歌曲）時，感動得淚水在眼眶打轉。

電影中的這家店應該是以當時頗具人氣的新宿歌聲喫茶店「谷底」（一九五一年開業）為原型。我手邊還留著店裡的歌本，至少有兩百頁以上，收錄的歌曲不只有俄羅斯民謠和勞工之歌，還有童謠和香頌等，曲子總共超過三百五十首，可知其人氣之旺。

歌本裡還收錄了知名人士為店家親撰的推薦專文，有金子光晴、小林旭、杉浦直樹、越路吹雪等人。意外的還有三島由紀夫，如此讚揚唱俄羅斯民謠的店家：「酒店『谷底』中，販賣店家原創的谷底歌本，只要有一個人起頭唱，無預期地就變成年輕人大合唱。唱和聲和音樂合而為一，活力充沛的能量創造出一種和諧樂音，是一種難以言喻、健康的歡樂場所。」

這樣的歌聲喫茶在昭和四〇年代因巴布・迪倫和披頭四的出現，漸漸退了流行而淡出歷史。

千代田區

Chiyoda

秋葉原

❖千代田區外神田一丁目

秋葉原的高架橋下方，搭了整排的帳篷，宛如這裡從以前就是商人之街。

——水上勉《飢餓海峽》

秋葉原現在是世界知名的御宅族聖地，但在明治時代如其名所示，曾經是個名為「秋葉之原」的空地，也是孩童的最佳遊樂場。明治十九年（一八八六年）九月，義大利查利內馬戲團就是在這片原野上表演，贏得眾多的喝采。

秋葉之原原本被當成防火線，明治二十三年現在的秋葉原車站正式啟動，站名不唸成「akibahara」而變成「akihabara」。這讀音的改變，永井荷風與其他明治出生的作家持不同的看法。不過，現在的年輕人將秋葉原簡稱為「akiba」，很諷刺的，這才是正確的讀法。

秋葉原車站原是客貨合一的車站，貨運站進入平成後依然存在。或許是因為有貨運站，昭和三年（一九二八年）開設了蔬果批發市場（也就是競賣市場），一直到車站周邊的都市改造計畫執行後，才於一九八九年關閉、拆除。現在的Crossfield大樓所在地就是從前的蔬果市場。

昭和三十五年（一九六〇年）上映的日活青春電影、中平康導演的《明天會放晴嗎？》裡出現了這個競賣市場。石原裕次郎主演的新人攝影師的老家，就是秋葉原蔬果市場的盤商。電影裡的裕次郎幫忙家裡的生意、拉抬了業績……攝影棚和真實的場景結合，如實傳達出競賣果菜市場的熱絡氣氛。

戰後的秋葉原出現了和上野、御徒町相提並論的黑市，不久後漸漸演變成真空管和保險絲等電子器材的集散地，才讓秋葉原轉變為現在的電器街。水上勉的傑作《飢餓海峽》，故事從昭和二十二年（一九四七年）開始說起，追查殺人事件的函館刑警當時走在秋葉原。「秋葉原的高架橋下方，搭了整排的帳篷，宛如這裡從以前就是商人之街。一間接一間的電子保險絲和電暖器的店家毗鄰。」

這裡很早就演變成電器街，特色是盤商也做零售生意。昭和三〇年代初期，興起組合收音機的熱潮，主角回憶起曾在自組收音機的中學生哥哥的陪同下，到秋葉原買零件。不擅長理工科的小學生，回程順道去了萬世橋附近的交通博物館，覺得比秋葉原好玩多了。

昭和三〇年代後，電視、洗衣機、冰箱三大家電為這裡增添了更活絡熱鬧的氛圍。昭和三十一年（一九五六年）日活出品的電影，芝木好子原著，川島雄三導演的傑作《洲崎天堂：紅燈》裡，去洲崎的客人河津清三郎在秋葉原經營電器行。當時景氣很好，這部電影拍下了當時整排電器行充斥的秋葉原盛況。

從電子零件開始，發展至家電用品、電腦、動畫……面貌不斷變化，總是能創造熱絡活力，這個地區隱含的無限潛力讓人驚訝。

從神田車站看向秋葉原，照片右下角就是一間水果店。（攝於1954年．東京都提供）

文化學院

❖千代田區神田駿河台二丁目

沒有制服，上學的服裝由每位少女依自己的喜好穿著，較勁時尚品味也是不錯的做法，當時我想只有文化學院能做到吧！

——川端康成〈自由的心與美〉

先說一件我的私事，東京奧運的前一年昭和三十八年（一九六三年）我因為大學重考，天天到御茶水的駿台重考班上課。每天從早到晚為了考試加緊念書，實在和無憂無慮、開朗的青春相去甚遠。除了念書外，實在沒有餘裕再想其他的事，即便如此……

從駿台重考班走路不到五分鐘的地方有一所外觀摩登的學校，面對著整排歐洲七葉樹行道樹，有著拱型大門。往裡面望去，盡是年輕貌美的女學生。似乎是男女合校，也有男學生摻雜在女學生當中。看在我這個重考生眼底，大家都一副快樂的模樣，真教人欣羨。

附近雖然也有明治大學及中央大學，但這間學校和這兩所都不同，像一座花園，後來我才知道那間學校是文化學院。當時我喜歡的同世代女演員，也就是在內田吐夢導演、中村錦之助主演的《宮本武藏》（一九六一年）裡演出女主角阿通而出道的入江若葉，原來就是這所學校的學生，我懷著或許有機會遇到她的念頭，在午休時間於拱門外徘徊流連。

文化學院於大正十年（一九二一年）由自由的資產家西村伊作獲得與謝野寬、晶子夫妻和畫家石井柏亭等人的資助下而設立。與現有的一般學校不同，是著重藝術和文化，是一個自由奔放又充滿前景的新世界。教師有川端康成、橫光利一、小林秀雄、山田耕作、佐藤春夫、堀口大學等，全是知名的臉孔。

國中部為男女合校，不穿制服在當時也很罕見，鋼琴是必修課程，是所獨具風雅的學校。從這間學校畢業的學生多往電影、演劇、美術和文學界發展。

校史《愛與叛逆——文化學院的五十年》（一九七一年）中，川端康成還特地寫了序文〈自由之心與美〉：「（文化學院的校風）以一句話貫之，即是美少女教育，自由少女教育……沒有制服，上學的服裝由每位少女依自己的喜好穿著，較勁時尚品味也是不錯的做法，當時我想只有文化學院能做到吧！」

高峰秀子在昭和十五年（一九四〇年）左右，也因嚮往自由又時尚的校風而入學，但後來因電影的拍攝工作忙碌而時常缺課，不到一年便不得不輟學。即便如此，回想起文化學院時代，她依然覺得「是我最幸福的時候」（摘自《蝸牛》）。

文化學院因為校風自由，在戰爭時遭受打壓，西村伊作因為對皇室不敬的罪名遭到逮捕，學校被迫強制關門。戰後，以一週上課五日的「週五日制」的人文科為主重新復校，恢復往日花園般的朝氣。

當時建築物是西村伊作設計的，面對女子部中庭的走廊拱門造型非常時髦。但二〇〇八年十四層樓高的新校舍建好時，這座拱門卻消失了，真令人婉惜。

高見順原著、五所平之助導演的《再一次》（一九四七年）中可以看到這間學校的拱門。高峰三枝子飾演的女主角為文化學院的學生，中庭還時興玩籃球。這裡充滿活力的景況，和戰時的氣氛大異其趣。

丸大樓

❖千代田區丸之內二丁目

我在秋田縣讀國中時，來東京校外教學，第一眼看到丸大樓令我永生難忘。黃昏時，大樓內點著燈光，宛如異國的城市。

——電影《早春》池部良的同事的台詞

東京車站西側、丸之內出口現在高樓大廈林立，但昭和三〇年代以前，說到丸之內指的就是這棟「丸之內商業大樓」，通稱丸大樓，商業大樓簡稱為大樓[註]的說法始於這裡。

竣工於大正十二年（一九二三年）的二月，工期短短兩年半的時間即完成。由三菱合資公司地所部（三菱地所的前身）設計，美國的弗拉建築公司施工。同年九月的關東大

註：日文中的大樓為「ビル」，取自ビルディング（building）前兩個字。

地震雖然受損，但建築物本身仍毅立不搖。

這棟九層樓的辦公室大樓，依昭和四年（一九二九年）發行的今和次郎《新版大東京案內》裡的描述，在丸大樓裡工作的「受薪族」不分男女共約四千五百人，宛如「怪獸」大樓。尤其是負責打字和事務工作的女性為數眾多，昭和四年的熱門暢銷曲，西条八十作詞，中山晉平作曲的〈東京進行曲〉第二段唱著「愛戀丸大樓／在窗邊／也有人哭著撰文」。

一樓和二樓為商店街，以上是辦公室，地下樓為美食街，整棟大樓儼然就是個小鎮。日本的美容院始於大正末從美國歸來的山野千枝子開的「丸之內美容室」，正位於丸大樓裡。這裡還有丸善書店，根據永井荷風的《斷腸亭日乘》昭和三年（一九二八年）一月二十五的記述，荷風在這一天來到丸大樓內的丸善買外文書（法文書）。

還有賣鰻魚飯的竹葉亭，岡本加乃子的《丸之內草話》（昭和十三年）將昭和一〇年代的丸之內商店街的熱鬧景象描寫得栩栩如生，年輕上班男性和女同事一起吃午餐的地方就是丸大樓裡的竹葉亭。女生說：「你想吃什麼就點吧，我請客。」看來在丸之內工作的女性似乎薪水很不錯。

這本小說還出現了有趣的詞彙「步道鄉愁」（pavement nostalgia）——意指丸之內辦公

街的丸大樓，平日在這裡上班的人連假日都想來這裡，可見這街區是如此有魅力——從丸大樓衍生而來的詞彙。

前述的今和次郎《新版大東京案內》由中央公論社發行，當時中央公論即位於丸大樓裡。書末版權頁寫著「丸之內商業大樓五八八番」，辦公室一直在丸大樓內，直到戰後才遷移至現在的京橋。

小津安二郎導演於昭和三十一年（一九五六年）上映的作品《早春》裡，池良部飾演的主人翁是在丸大樓裡的「耐火磚頭公司」就職的上班族。有一天他去探望生病的同事增田順二，臥病在租屋處的同事說：「我在秋田縣讀國中時，來東京校外教學，第一眼看到丸大樓令我永生難忘。黃昏時，大樓內點著燈光，宛如異國的城市。丸大樓是我的憧憬，能進入這間公司上班，我真的太開心了。」

這棟丸大樓為了改建，於平成九年（一九九七年）拆除，現在要以「舊丸大樓」來形容才行了。

東京會館

❖千代田區丸之內三丁目

這是中國產的大理石。這棟建築約略建於大正十一年，極盡奢華的建築物。也經歷過地震的摧殘，因十分堅固，幾乎毫髮無傷。

——井上靖《化石》

現在用來舉行芥川賞與直木賞頒獎典禮、位於日比谷十字路口附近靠近溝圳畔的東京會館，也會頒發其他文學獎，對出版人來說是知名的派對會場。而二〇一〇年四月去世的井上久的追悼會也在這裡舉行。

目前的建築物完成於昭和四十六年（一九七一年），是為第二代，東京會館本身的歷史更古老，最早的建築物竣工於大正十一年（一九二二年），文藝復興式的五層樓建築莊嚴地聳立（設計、施工為清水組）在溝圳畔。

按社史《東京會館今昔風華》（一九八七年）裡的記載，當時由商界大老藤山雷太（任外務大臣和經濟企畫廳長官的藤山愛一郎的父親）發起並在此地成立公司。有「大正的鹿鳴館」美稱，以高級宴會廳及社交場所為目標，更是許多名門世家結婚典禮的首選。

推理小說史上的傑作，久生十蘭於昭和十二年（一九三七年）至十三年在《新青年》雜誌發表的〈魔都〉裡，東京會館也曾經登場。一開場被迫追蹤謎團的報社記者出席了同業在東京會館舉辦的尾牙。由此可知在那個時代，東京會館是媒體圈的宴會廳。而那個當年「燈光炫目璀燦的東京會館大玄關」，現在被保存在愛知縣犬山市的明治村。

毗鄰東京會館的是明治四十四年（一九一一年）建造、日本最早的西洋式劇場、帝國劇場。當年欣賞戲劇的客人會選擇在東京會館的餐廳用餐，餐廳與劇場相通，以當時來看，想法十分嶄新，甚至通往帝國劇場的通道還鋪設了紅地毯。

三島由紀夫描寫有著長期婚約關係男女的《永恆的春天》（一九五六年）中，才色兼具的主人翁木田百子每週到「T會館」的料理教室上課三次。「T會館」位於溝圳畔，是個「講究禮儀」的地方，肯定是指東京會館吧！按社史所述，昭和三十年（一九五五年）為了推廣法國料理，會館開設料理教室，利用平常容易取得的食材做出法國料理，而三島立刻將這件事放入小說裡。

這棟文藝復興式豪華建築物的大廳石柱，使用貴重的聚環藻疊層的大理石，石頭裡還殘留著約六億年前生息的石灰藻的化石。

井上靖在昭和四〇年代初撰寫的長篇小說《化石》裡，企業家主人翁和熱愛石頭的朋友在「T會館」相約見面，就是為了來看這裡的大理石的化石。朋友如此說明：「這是中國產的大理石。這棟建築約略建於大正十一年，極盡奢華。也經歷過地震的摧殘，但因十分堅固，幾乎毫髮無傷。」

《化石》裡提到的「聚環藻疊層大理石」如今由第二代建築物所承襲，用於十一樓和十二樓的電梯大廳牆面。東京市中心仍有幾億年前的化石，著實令人驚嘆不已。

黑澤明導演的《懶漢睡夫》（一九六〇年）片頭，三船敏郎和香川京子的豪華婚禮就是在東京會館舉行的，會場的水晶吊燈璀燦炫目。只是電影裡不是實際取景而是搭景拍攝。按美術指導村木與四郎的說法（丹野達彌編《村木與四郎的電影美術》），當時很想在東京會館拍攝，「因黑澤明拍攝組有難搞惡名，肯定得耗費時日（笑），而不肯借給劇組。」沒有辦法只好搭棚，真讓人哭笑不得。

帝國劇場

❖千代田區丸之內三丁目

帝國劇場長久以來為我們所記憶的，有俄羅斯歌劇和巴甫洛娃的舞蹈、梅蘭芳的京劇及歐美各樂手的獨奏等美妙藝事。

——永井荷風《斷腸亭日乘》
昭和十五年八月二十九日

位於皇居前，日比谷路口城濠旁的帝國劇場（簡稱帝劇）於二〇一一年三月迎接開館一百週年紀念。日本最早的西洋劇場是明治四十一年（一九〇八年）在有樂町建造的有樂座。森鷗外的《青年》（一九一一年）裡，記錄了當時在這裡上演了易卜生原著、鷗外翻譯的《博克曼》劇碼的熱鬧景況。

但有樂座畢竟是小劇場（後因關東大地震而燒燬），所以大實業家澀澤榮一為首等人開始宣導日本也必須有一個和國外相提並論的大劇場，而建造了帝劇，於明治四十四年（一九一二年）三月開幕，包含地下共五層。模仿巴黎歌劇院的白堊岩殿堂風格的建築威容莊嚴屹立於城濠旁，由後來設計日本橋的三越百貨（一九一四年）的橫河民輔負責設計。

這裡不只上演歌舞伎，也演出現代劇。松井須磨子飾演歐菲莉亞的《哈姆雷特》，同樣由松井飾演娜拉的《玩偶之家》等，都引起了相當的話題。

社史《帝劇五十年》（一九〇八年）中，澀澤榮一之子澀澤秀雄寫了一篇回想，大意是：開幕那一年，二十歲的高中生迷上《哈姆雷特》和《玩偶之家》的松井須磨子……可看出當時它是走在時代最前端的近代劇場。

來自海外的世界級音樂家演奏會也都在這裡舉行，讀《帝劇五十年》就知道當時有多少巨匠都名列其中。小提琴家米夏．艾爾曼（一九二一年來日）、艾弗蘭．辛巴里斯特、雅沙．海菲茨、弗里茨．克萊斯勒、芭蕾名伶安娜．巴甫洛娃（以上一九二二年來日）也受到眾多好評。

那一句成為時代意義的名廣告文案「今天到帝劇，明天到三越」，也誕生在這時期。據嶺隆《帝國劇場開幕「今天到帝劇，明天到三越」》（一九九六年）所述，這句知名文案是由三越的宣傳部長濱田四郎想出來的。

從海外來日的音樂家的公演為帝劇錦上添花，永井荷風《斷腸亭日乘》昭和十五年（一九〇四年）八月二十九日裡寫著：「帝國劇場長久以來為我們所記憶的，有俄羅斯歌劇和巴甫洛娃的舞蹈、梅蘭芳的京劇及歐美各樂手的獨奏等美妙藝事。」

帝劇後來在關東大地震時部分受損而修建，經營團隊轉移給松竹，也開始播放歐美知名電影。小津安二郎導演的名作《獨生子》（一九三六年）中，兒子日守新一帶著從信州來到東京的母親飯田蝶子到帝劇，一起看描寫舒伯特一生的奧地利電影《未完成的交響樂》（一九三三年），兒子認為這就是孝敬母親最好的方法吧……

松竹時代在昭和十五年（一九四〇年）畫下句點，後來經營權移至東寶集團。戰後的昭和二十六年（一九五一年）上演菊田一夫創作的《摩根雪》，是日本最早的音樂劇，越路吹雪因為這部作品而魚躍龍門、成為巨星。

明治末年建造的「白堊岩殿堂」因建築老舊於昭和三十九年（一九六四年）關閉，昭和四十一年以現今的建築物取代。「白堊岩殿堂」最後上演的作品是電影《阿拉伯的勞倫斯》（*Lawrence of Arabia*，一九六二年）。

日活國際會館

❖千代田區有樂町一丁目

待燈號轉綠，快步走到對面，推開飯店的側門進出口。走下階梯，一路通往地下走廊深處，在理髮廳的椅子坐了下來。

——吉行淳之介〈大件行李〉

小津安二郎導演於昭和二十七年（一九五二年）上映的《茶泡飯之味》片頭，木暮實千代和姪女津島惠子雇車到銀座出遊。車子從城濠旁的三宅坂往日比谷交差路口行駛，路口左手邊可以看見一棟偌大建築。這棟在當時算是很華麗莊嚴的大樓，引人側目。

它是昭和二十七年三月開館的日活電影公司的國際會館。建築有九層樓高，一到五樓是辦公室，座落一隅的西北航空公司尤其顯眼。六樓以上是日活國際飯店，在飯店還很少的時代，堪稱「東洋第一豪華飯店」。昭和三十五年石原裕次郎和北原三枝的結婚典禮、兩年後小林旭和美空雲雀的婚宴全在這裡舉行。高見順的《文壇日記》（一九九二年）裡昭和三十五年二月十九日這天，有這樣的描寫：「報紙上刊登了大江健三郎在東京日活國際會館舉行結婚典禮的消息。」原來大江健三郎也選在這裡辦婚宴啊！

依《日活四十年史》（一九五二年）記載，這裡原本是日本航空的土地，占領時期被美軍接收，當成停車場使用。後來被日活收購，加以建設後進駐飯店和外商辦公室的國際會館。據社長堀久作所言，在占領時期時，這決定真是「英明睿智」。

地下四層（一樓是商店街，底下是停車場），運用先興建地面上的樓層，再往下鑿，讓建築漸次下沉的「潛盾工法」，引起不小的話題（由竹中工務店負責施工）。

說到昭和二十七年這一年，四月的舊金山對日和平條約生效，日本才脫離占領期而獨立，日活國際會館成為獨立和戰後復興的象徵。日活雖然是戰前的老牌電影公司，但戰後重建較晚，直到昭和二十九年（一九五四年）才重新開始製作電影。「重新製片一週年紀念作品」主打的是井上靖原著，川島雄三導演的《明天來的人》（一九五五年），片頭與片尾中，日活國際會館成了重要場景。

山村聰主演的關西大企業家每次到東京時都入住日活飯店，當時得有相當財力才住得起這家飯店。不論是實景和搭景，都呈現了飯店內部細節，寬敞挑高的大廳教人為之驚艷，最後一幕將整棟建築入鏡，銀幕上打出了「終」字……這裡曾是日活引以為傲的飯店吧！

吉行淳之介的短篇小說〈大件行李〉（一九八八年）中，被認為主角就是作者的「我」搭計程車到日比谷路口，進到飯店地下街的理髮廳：「待燈號轉綠，快步走到對面，推開飯店側門，走下階梯，一路通往地下街盡頭，在理髮廳椅子坐了下來。」那時日活國際會館地下街有間東方理髮廳，吉行淳之介想必常來這裡剪頭髮。

這棟大樓的屋頂，靠有樂町的角落有座引人側目的奇特石像，有點像巴黎聖母院裡知名的滴水石獸（gargoyle，怪物形狀的集雨排水孔）。芝木好子的中篇小說〈女人的青春〉（一九五六年）裡曾經出現：「（前略）從日活國際會館後門走出去。從會館屋頂延展出去的避邪怪異雕刻輪廓清晰，在澄澈的天空中俯看著下方。」

後來在電影一度式微的昭和四十四年（一九六九年）飯店關閉，整棟建築賣給了三菱地所，變成了日比谷公園大樓。接著連這棟大樓也不見了，現在變成了新蓋的東京半島酒店，不過滴水石獸仍守護在七樓的東北角。

日比谷電影劇場

❖千代田區有樂町一丁目

既高尚又美麗。

——淀川長治《誕生半世紀！再見了嘉年華會》（東寶電影篇）

初中時期的我，因為愛上電影而開始頻繁跑電影院，當時心裡憧憬的電影院，就是東寶專門放映西洋院線的日比谷電影劇場。圓形又時髦的建築物，正面還有座塔，和毗鄰的有樂座海鼠牆和風外型相較，這裡就是西洋風格。

《羅馬假期》（*Roman Holiday*，一九五三年）在這裡上映時票房極佳，但平常大多播放以男性為主要觀眾群的電影。因為是院線電影院，對國中生來說門檻很高。我在這裡看過的電影屈指可數，只有約翰．韋恩主演的西部片《赤膽屠龍》（*Rio Bravo*，一九五九年）等幾部片子，但一直是我心中嚮往的殿堂。

開館於昭和九年（一九三四年），和同年營運的東京寶塚劇場、十年的有樂座都是後來的東寶社長小林一三一手建造。這一帶被稱作「娛樂中心」，成為東京的新電影街。和洋溢庶民氣氛的淺草相比，這裡因地理位置靠近銀座而帶有高級感，立即凌駕於淺草之上。

日比谷電影劇場在昭和五十九年（一九八四年）和有樂座因再開發案而消失，但在當時的場刊《誕生半世紀！再見了嘉年華會》（東寶電影篇）裡，見證過其往日輝煌的淀川長治以「既高尚又美麗」形容它。双葉十三郎也回憶，「日比谷電影劇場從成立之初就是專門播放外國電影的戲院，曾上映過不計其數的知名電影。」

戰前的法蘭克・卡普拉的《一夜風流》（*It Happened One Night*，一九三四年）、朱利恩・杜維威爾的《舞會的名冊》（*Dance Program*，一九三七年）、雅克・費戴爾的《米摩莎公寓》（*Pension Mimosas*，一九三四年）等電影史上的名作都曾在這裡上映過。

昭和的私小說作家野口富士男有一短篇〈紙箱〉（出自《少女》，一九八九年），是野口於昭和十一年（一九三六年）在《都新聞》（《東京新聞》前身）任職記者時的回憶，那年的二月四日下午，東京下起大雪，各地交通癱瘓，日比谷電影街的觀眾們因而回不了家。到日比谷電影劇場採訪的年輕記者，不得不協助一位獨自來看電影卻無法返家的女學生。昭和初期，女學生會在放學後一個人去看電影，可以想見電影院真的是「既高尚又美麗」的地方。

戰中到戰後的這段時間，這裡也曾放映日本電影，昭和二十三年（一九四八年）左右再度成為專門播映西洋電影的電影院。前面提到的《羅馬假期》外，《黑獄亡魂》（*The Third Man*，一九四九年）、《亂世忠魂》（*From Here to Eternity*，一九五三年）、《恐懼的代價》（*The Wages of Fear*，一九五二年）、《驚魂記》（*Psycho*，一九六〇年）等電影都曾在此創下票房佳績。

曾長期任東寶社長的高井英幸在回憶錄《去電影院，從麻布十番搭乘都電》（二〇一〇年）裡寫道，他年輕時在日比谷電影劇場工作。圓形造型的建築物使用起來多少有些不便，但因為是和外面的大街無縫連結的獨立建築，「能隨時感受外面的變化」，而非被封閉在大樓裡，這一點實在很棒。對於現在位於大樓內部的影廳來說，這樣的電影院令人懷念。

昭和五十九年（一九八四年）十月，最後在戴露・漢娜飾演人魚的浪漫奇幻大作《美人魚》（*Splash*，一九八四年）放映結束後拉下布幕。

每日新聞社

❖千代田區有樂町一丁目

走下有樂町的省線月台時，長年擔任記者的緣故，讓速水反射性地望著月台前方屹立的報社建築，三樓窗戶幾乎是如白天般的燈火明亮，燈光流洩出來。

——井上靖《黑潮》

長年拍攝昭和時代的東京風景的攝影師桑原甲子雄，在昭和十四年（一九三九年）的作品中拍下了「有樂町車站」。他在夕陽西下時站在靠銀座這一側的月台拍下的照片裡，位在照片中央後方、好似俯視著有樂町車站的大樓雄踞一側，高樓上方樓層掛著「東京日日」的霓虹燈，那就是舊的每日新聞社大樓。

每日新聞社於明治五年（一八七二年）創刊，當時名為東京日日新聞社，是東京最早的日報，由福地源一郎、岸田吟香等人就任總主筆。後來發展蓬勃，於昭和十八年（一九四三年）和大阪每日新聞社合併，才改成現在的「每日新聞社」。

東京日日的大樓於大正十一年（一九二二年）建於有樂町，是棟近代化的建築。翌年遭逢關東大地震但無嚴重損害，於九月一日當天發行頭條特報。桑原甲子雄拍攝的則是昭和十三年（一九三八年）改建的八層樓高的新大樓。有樂町在昭和四〇年代以前，除了每日新聞社，尚有朝日新聞社、讀賣新聞社，三大報都位在這一區，有樂町因而有新聞町之名，也有人仿效倫敦的新聞街，稱之為日本的「弗利特街」（Fleet Street）。

三間報社中尤以位於銀座的玄關口、有樂町車站前的每日新聞社大樓最為醒目，也常被拍入電影裡。川島雄三導演的昭和二十八年（一九五三年）的作品《新東京進行曲》中，高橋貞二飾演的主人翁青年為《每日新聞》的記者，他的朋友三橋達也原本是拳擊手，後來成為送報員。同年的不久後，在《Sunday每日》連載的永井龍男的小說被改拍成電影《明天何處去》（長谷部慶次導演），舟橋元飾演的主角青年也是每日新聞社的記者。在電視尚未普及的時代，報社記者算是電影裡的當紅職業。

每日新聞社記者出身的作家井上靖的《黑潮》（一九五〇年）是以前一年發生的下山事件中，追查事件的每日新聞社的記者為原型，小說開頭就是主人翁速水在休假中趕回東京。「走下有樂町的省線[註]月台時，長年擔任記者的緣故，讓速水反射性地望著月台前方屹立的報社建築，三樓窗戶幾乎如白晝般的燈火通明，燈光從中流洩出來。」可以嗅出大事件正上演的氣氛。

這部小說在昭和二十九年(一九五四年)由山村聰自導自演,拍成電影《黑潮》。在其他報社都主張他殺時,只有每日新聞主張是自殺,其孤獨對抗眾多輿論的故事很感人,後來證明每日新聞的推斷是正確的。

看桑原甲子雄的照片,可以看到「東京日日」的一旁有著「東日天文館」霓虹燈看板。這是什麼呢?應該是現今所說的天文館吧。法國文學家澀澤龍彥在回憶錄《狐狸的包袱》(一九八三年)有著如下的描述:「東京最早的天文館位於有樂町的東日會館(以前是每日新聞社的大樓)屋頂,於昭和十三年完工。這對當時求知欲旺盛的中學生及小學生很具吸引力,在不必去學校的假日,我們常邀喝朋友一起去東日天文館。」

這座天文館後來因空襲而消失蹤影,每日新聞社也在昭和四十一年(一九六六年)搬遷至現在的 Palace Side 大樓。

註:一九二〇年至一九四九年之間的日本國有鐵路舊稱,相當於現今的JR。

日劇音樂廳

❖千代田區有樂町二丁目

谷崎潤一郎老師尤其偏愛她，老師去日劇M・H時，一定會在她上台前的後台閒聊三十分鐘再離開，這是他的樂趣。

——丸尾長顯編《日劇音樂廳全收錄》

現在的有樂町的Mullion大樓所在地，在昭和五〇年以前是有「東京玄關口」別稱的日本劇場（簡稱「日劇」）。曾是電影與戲劇公開演出、日本具代表性的表演廳，於昭和八年（一九三三年）開館。當時可容納四千位以上的觀眾，為日本第一大劇場，有「陸上龍宮城」美稱。昭和十年（一九三五年）由昭和時期的大實業家小林一三率領的東寶所經營。

昭和十六年（一九四一年）當時被認為是中國人的人氣女演員李香蘭（山口淑子）在日劇演出時，隊伍長龍環繞了劇場七圈半之多，盛況空前，寫下昭和史上驚人記錄。

這座知名劇場在戰後變成脫衣舞劇場。脫衣舞在戰後成為一種性解放的象徵，在自由的氣氛下搏得廣大人氣，東京的淺草和新宿等地也出現專門劇場。因此，這裡成了有樂町最有名的脫衣舞劇場，算是品味一向高雅的東寶旗下劇場突起的異軍。

當時小林一三原本強烈反對日本第一的東寶上演裸體劇碼，但最後終究無法抵擋時代潮流，戰後旋即在五樓的「日劇小劇場」上演脫衣秀。成功打響招牌後，昭和二十七年（一九五二年）同劇場改名為「日劇音樂廳」，開始正式走向脫衣秀劇場一途。

依劇場導演兼營運委員的丸尾長顯編的《日劇音樂廳的全部》（一九六四年），重新開幕後的舞台，一開始因顧慮小林一三而沒有安排脫衣秀，以致門可羅雀。丸尾於是緊急讓脫衣秀復活，才成功挽回了觀眾。

名留戰後的幾位著名脫衣舞孃展現了美麗的裸體，名列其中的有瑪莉松原、奈良明美、伊吹真理、小川久美、小濱奈奈子、安潔拉淺丘等人。雖說是脫衣舞孃，但因為那裡是名門東寶的劇場，她們的表演洗練高雅，甚至受到文人和藝術家們的喜愛。岡本太郎曾為日劇設計過舞台，三島由紀夫也寫過劇本，以《楢山節考》初登文壇的深澤七郎也是這劇場的吉他手。

谷崎潤一郎也時常光顧，他是春川真澄的頭號劇迷。丸尾長顯在前述著作中曾寫道：「谷崎潤一郎老師尤其偏愛她，老師去日劇M．H時，一定會在她上台前的後台閒聊三十分鐘再離開，這是他的樂趣。」谷崎自己也曾在短篇作品〈過於氧化的萬江水之夢〉裡提到「我最迷戀的是春川真澄這女孩」，還為了她寫過腳本《白日夢》。

日劇音樂廳也曾在電影中登場。最有名的是市川崑導演的《蒲山》（一九五三年）一片中，教學認真的重考班教師伊藤雄之助和女性友人越路吹雪一起去看脫衣秀。教人莞爾的是，邀約人竟是越路吹雪。

昭和五十九年（一九八四年）三月日劇音樂廳關閉的最後一天，超級巨星松永照穗（我們這個世代的女神，美極了！）邊流淚邊說：「日劇音樂廳永遠不滅！」讓全場為之感動落淚。

真田濠

❖千代田區紀尾井町

電車像玩具般變小，行經像玩具般的小圳畔的紅磚隧道。越駛越小，直到完全消失於眼前。

——三島由紀夫〈上鎖的房間〉

四谷車站很有意思，地鐵丸之內線途經這座車站時是走在地面上，而且還蓋在JR中央線和總武線車站上方。

站在這條地鐵的月台上望向赤坂見附，左側是上智大學操場，右側可看見迎賓館。操場以前是皇居外的濠溝，稱為「真田濠」，昭和三〇年代都電沿著這條濠溝行駛，串連飯田橋和品川車站的是三號系統。在為數眾多的都電中，沿著真田濠曲線行駛的都電實在太美了，讓許多人讚嘆不已。

昭和十二年（一九三七年）出生的演員，同時也是愛好電車聞名的電影導演實相寺昭雄在《超人力霸王的東京》（二〇〇三年）中寫道：「有都電的風景中，我最喜歡東京中心的赤坂一帶。」描寫行駛在真田濠專用軌道的都電，其鍾情的情愫溢於言表。「都電從現在的赤坂離宮一旁，延著圍繞大谷飯店的溝圳邊開往赤坂見附，至四谷後經由專用軌道，疾駛的模樣教我喜愛不已。」

此外，大正七年（一九一八年）出身東京的作家有馬賴義在自傳小說《少年的孤獨》（一九六三年）中也寫下了戰前他在四谷的學習院上學時，搭乘市電駛過真田濠的模樣：「步行至神宮前，搭乘往猿江的市電至赤坂見附，再從這裡換乘往飯田橋的四輪小電車至濠圳盡頭……線路在紀國坂處與道路分歧，行駛在濠溝的高崖上，每天都感到很驚悚。」

東京中心有渠濠和山崖的野趣，小型電車行駛在專用軌道上，多少也能體到兒童「感到驚悚」的心情。真田濠後來被掩埋，遠一點的弁慶濠依然存在，這一帶還留著濃蔭的大自然風景，很難想像都心還有這樣的地方。

三島由紀夫也在一篇任職財務省青年的主人翁、被奇怪人妻所迷惑的短篇小說〈上鎖的房間〉（一九五四年）中，描寫了這一條都電。戰後財務省的建築被軍隊住紮占用，青年被迫移到四谷的小學辦公，午休時青年一個人在四谷車站附近散步，看到了都電。

「從四谷見附駛出的電車，沿著城濠往赤坂見附緩降而去，我喜歡靠在路旁的鐵欄杆望著電車駛去……電車像玩具般變小，行經像玩具般的小圳畔的紅磚隧道。越駛越小，直到完全消失於眼前。」

這是條貫穿真田濠和弁慶濠交界處水泥土橋的窄小隧道，在東京奧運之前，因興建沿著弁慶濠的首都高速公路而消失蹤影，實相寺昭雄因此寫道：「記憶中的我痛恨首都高。」

石川淳的名著《白描》（一九三九年）中，兩位年輕人從四谷的堤防眺望的也是相同的電車和隧道：「對岸時常會有空無一人的小電車響起愉悅的聲音進出隧道。」

這些文字皆可看出這電車的風景如此深受眾作家喜愛。

日比谷公會堂

❖千代田區日比谷公園

「日比谷公會堂，對我們這個世代來說，是青春的聚集地。」

——木村梢《東京山手往昔》

日比谷公園裡的日比谷公會堂是東京最古老的傳統宴會廳。關東大地震後，出自以東京復興為目標的市長後藤新平的發想，接受安田財閥的援助，於昭和四年（一九二九年）完工。設計的是經手過早稻田大學的大隈講堂等建築的佐藤功一，採近世歌德式風格，還建有鐘塔。

戰前這裡和城濠旁的帝國劇場並列為文化殿堂。大正十五（一九二六年）生於東京的散文家木村梢（演員木村功的夫人）在《東京山手往昔》（一九九六年）裡，曾讚賞這座公會堂的壯麗輝煌：「日比谷公會堂，對我們這個世代來說，是青春的聚集地。」

大型音樂會和活動通常是在這裡舉辦，或是在神宮外苑的日本青年館：「不論是去聽藤原義江的現場演唱，或是巖本真理的小提琴、原智惠子的鋼琴演奏，都是在這兩個地方的其中之一。」

國際古典音樂演奏家來到本也在這裡舉行公演。大正三年（一九一四年）出生的戲劇評論家尾崎宏次在回憶錄《戰後的某時期》（一九七九年）裡寫道，他在「都新聞」（之後的「東京新聞」）擔任記者時，曾在這裡聽過蘊育NHK交響樂團前身、新交響樂團的指揮約瑟芬．羅森史塔克的演奏：「我第一次聽交響曲並為其優美的旋律感到身心愉悅，就是羅森．史塔克執指揮棒的時代，日比谷公會堂為灰色的時代注入一股清泉。」所謂的「注入一股清泉」是因為這裡為黑暗的時代帶來了文化的薰香吧！尾崎宏次戰後還在這裡聽了德國歌手格哈德．胡希及黑人歌手瑪麗安．安德森的歌聲而感動不已。

電影裡也曾出現過日比谷公會堂。於昭和二十二年（一九四七年）上映、由黑澤明導演的《美好的星期天》中，貧窮的年輕情侶（沼崎勳、中北千枝子）在某個星期日一起在都內度過一天。到上野動物園後，二人得知日比谷公會堂有舒伯特的《未完成》交響曲的演奏，急忙趕到。但是票早被黃牛搶購完且兜售一空，讓他們無法入場，很可惜。

昭和二十四年（一九四九年）木下惠介導演的《小姐乾杯！》裡，千金小姐原節子和相親對象佐野周二有一次相偕到日比谷公會堂看芭蕾舞表演。那是貝谷八百子芭蕾舞團的公演，芭蕾舞者隨著蕭邦的《幻想即興曲》的旋律舞動著肢體。看了十分感動的佐野周二不自覺流淚，意外地顯現出真性情的一面。

舒伯特、芭蕾……可得知戰後的混亂期中，這座昭和的公會堂真的是年輕世代的「清泉」之地。位於東京中心，擁有超過八十年歷史的建築依然存在，希望今後也繼續舉行活動下去。

城濠

❖千代田區等地

吸引我的日本風景非常多，皇居周邊的景色不論怎麼看都散發著永恆不變的美和魅力，令人讚賞。

——諾爾·魯艾特《東京剪影》

東京有世界各大都市沒有的一大特色：市中心擁有大片綠地，而且自古以來就存在，不必贅言那綠地就是皇居（以前的江戶城）。雖然無法隨時進去參觀，但可以在四周的城濠旁邊散步，皇居四周有少數的散步道。

在日本長期居留且留下許多東京風景素描的法國詩人諾爾·魯艾特（Noel Nouet，一八八五～一九六九年）在其著作《東京剪影》（一九五四年）中，對城濠之美讚不絕口：「吸引我的日本風景非常多，皇居周邊的景色不論怎麼看都散發著永恆不變的美和魅力，令人讚賞。」

魯艾特尤其喜愛皇居西側，「我時常繞行城濠一周，最喜歡的是西側，三番丁或半藏門至櫻田門一帶。」書裡還附上了〈半藏門附近的城濠〉（一九四六年）的素描畫。

位於半藏門附近至日比谷路口的城濠風景確實很美，也因此成為許多電影的拍攝景點。戰前的電影，由原節子飾演現代汽車女性銷售員的《東京的女性》（一九三九年，伏水修導演）。原節子和前輩立松晃很要好，相偕到日比谷的城濠散步。以現在的說法，這附近是戰前的年輕人約會的熱門地點。

小津安二郎導演的《茶泡飯之味》（一九五二年）中，鶴田浩二主演的有為青年果然也到日比谷路口的城濠、日比谷濠散步。小津是否也知道城濠就屬這一段風景最為優美呢？小津的另一部《早春》（一九五六年）裡也將日比谷濠拍入鏡，在丸之內通勤的上班族們（池部良等人）在能俯看皇居外苑的草皮堤防上渡過午休時間。

川島雄三導演的《新東京進行曲》（一九五三年）中，當時任職於有樂町的報社（令人聯想到「每日新聞」）的記者高橋貞二曾邀約心儀的女性淡路惠子到日比谷濠附近散步，還說「我最喜歡東京的這裡」。

魯艾特雖說過城濠以西邊風景最優美，東邊其實也有個不錯的地方，近「皇宮飯店」、面對和田倉濠的和田倉噴水池公園。三島由紀夫巧妙將這裡的噴水池寫入接近極短篇的短篇小說〈雨中的噴水池〉（一九六三年）裡，一對年輕的少年少女情侶從丸大樓的咖啡店走向皇居。少年提分手後，少女邊走邊淚流不止。兩人走過和田倉橋進入公園，六月的雨天，大小三個噴水池水柱正向上噴著水，就像少女的眼淚，在此出現了令人意外的結局……

如各位所知，現在的城濠變成慢跑的知名景點了。

中央區

Chuo

築地川

❖中央區銀座、築地等地

「二十年前還可以捕到白魚的……現在卻被污染成這樣。」

——豐田四郎導演《在哪一片星空下》

從銀座四丁目的路口往東邊的勝鬨橋走，過了昭和通，經過歌舞伎座後，眼前即是萬年橋。雖名為萬年橋，下面卻沒有河流，現在是高速公路——首都高速都心環狀線。這裡原本是築地川流經之地，因應東京奧運前的都市改造計畫，於昭和三十七年（一九六二年）前後被填平。

以前從銀座到築地之間有許多人工溝圳，可謂「水城東京」。昭和三〇年代以前，銀座是個東西南北被人工溝圳包圍的地方。大正年間的永井荷風曾在築地租屋生活，就是被當時的築地川及溝圳橫貫的風景所吸引之故。在山手地區註長大的荷風，對下町的

「水城東京」感到新鮮。築地川是從四方將築地包圍起來的人工溝圳，和隅田川相通，可說是隅田川的支流。

三島由紀夫在昭和三十一年（一九五六年）發表的短篇小說〈獻身橋〉裡，詳細描寫了當時築地川一帶的風景。銀座的藝伎之間流傳著這樣的說法：不開口說任何一句話走完築地的七座橋，而且沒有人前來打招呼，願望就能實現。小說裡以這個花柳界的吉兆傳說為由，發展出前來祈求願望實現的故事。

七座橋是哪七座呢？除了知名的三叉橋，也就是三座三吉橋外，還有築地橋、入船橋、曉橋、堺橋、備前橋。築地川既然已被填平，這些橋也就化為空有名字的虛橋。

東京出生的作家芝木好子在東京奧運結束不久後發表的《築地川》作品，以在銀座裝飾品老鋪上班的年輕女性為主角，並讓她住在築地川沿岸的新富町。作品裡寫道：「名為築地川的溝圳裡沒有水……四年前變成高速公路，河底以水泥填充凝固，車子行駛其上。」和築地川一起成長的女性，看著變成高速公路的築地川，感到無限惆悵。

近年和小津安二郎、黑澤明相提並論，獲得高度評價的成瀨巳喜男導演深愛著築地

註：東京地勢西高東低，西邊是武藏野高地的山側，稱為山手地區。

川的水城風景。在《銀座化妝》（一九五一年）、《秋立》（一九六〇年）、《女人步上階梯時》（一九六〇年）裡，鏡頭拍到築地川被填平之前的風貌。現在已經沒有這條河川，這些電影變成記錄築地川的重要資料。

此外，年輕時在《銀座化妝》裡擔任成瀨巳喜男的助理導演的石井輝男導演的《性感地帶》（一九六一年）裡，銀幕中的情侶（吉田輝雄、三条魔子）在萬年橋下的築地川划著小船。

後來這條築地川漸漸受到污染。高見順原著，豐田四郎導演的《在哪一片星空下》（一九六二年），在築地川沿岸經營關東煮小店的山本富士子邊看著河面，哀嘆著：「二十年前還可以捕到白魚……現在卻被污染成這樣。」當時被污染的河川會被填平，也是時勢所趨吧！

勝鬨橋

❖中央區築地六丁目

眼看著鐵板中央處開始緩緩地蠢動，慢慢抬起頭，接縫處分開……

——三島由紀夫《鏡子之家》

東京灣沿岸陸續被填平後，周圍開始蓋起高樓，勝鬨橋如今已不再醒目，但昭和三〇年代以前，它可是雄踞隅田川最下游的橋。

關東大地震後，勝鬨橋和清洲橋、永代橋同為象徵復興的橋樑，完成於昭和十五年（一九四〇年）。橋頭立著「勝鬨橋之記」石碑，原本是為了紀念日俄戰爭勝利的船隻「勝鬨渡船」而來，後來橋樑蓋好後，「勝鬨」之名延用了下來。

這座橋於昭和四十五年（一九七〇年）前，為了讓行經隅田川的大型船隻可以通過，橋樑中央處可以開闔如「八」字，也就是所謂的活動橋。一天開闔五次，橋打開時的模樣就像生物般動人。

三島由紀夫的長篇小說《鏡子之家》（一九五九年）開頭描寫了橋打開時的情景，故事中以日本畫家夏雄旁白說道：「眼看著鐵板中央處開始緩緩地蠢動，慢慢抬起頭，接縫處分開。鐵板向上升起，兩側的鐵欄杆和跨於其上的鐵拱門及附在柱子上光暈柔和的電燈，全都緩慢浮起。夏雄覺得這一連串的動作優雅美麗。」日本畫家覺得具有近代感的鐵橋動起來時很優美，趣味盎然。

後來因行經橋上的車流量變多，為了讓車輛通行，昭和四十五年的十一月以後不再開闔。

作詞家松本隆在青春小說《微熱少年》裡，描寫了披頭四來日本的那年（一九六六年）夏天，主人翁少年開著小轎車飛越剛要打開的勝鬨橋到對面去的冒險行徑。完美著陸的少年向同伴展現出得意神情並說出：「看到橋旁小屋窗子裡橋守註大叔張大著嘴詫異的表情，太好笑了。」

「橋守」這個詞真教人懷念，這是個已經不再使用的詞彙了吧！

勝鬨橋開闔的模樣也被拍進許多電影裡，在橋不再活動的現在，成了珍貴的影像資料。例如千葉泰樹導演的《東京的戀人》（一九五二年），片頭就是住在月島附近的原節子搭乘都電來到橋邊。我看到都電竟然行經活動橋時好吃驚，如果橋正要打開，都電就像在停紅燈一樣等著橋恢復原狀，不就會等很久嗎？

短片集《既然愛》（一九五五年）的第一集《賣花少女》（吉村公三郎導演）也出現了勝鬨橋。貧窮的賣花少女（町田芳子）得知總是親切待己的銀座酒吧小姐（乙羽信子）生病後，來到她居住的佃島家裡探望。因病磨耗而虛弱的她看到少女來探病受到鼓舞。從住處二樓的窗子遠眺，剛好看到勝鬨橋開橋，敞開的活動式橋身就像彩虹般，成了她已經復元的希望象徵。

註：橋樑的管理看守人。

隅田川上勝鬨橋打開時尤如「八」字。（攝於1952年・東京都提供）

水上生活者

❖中央區日本橋箱崎町

水上人家洗衣服和準備三餐的畫面，從岸邊望去，宛如辦家家酒。

——高田敏子《送給女兒的話》

昭和三〇年代為止，隅田川及其周邊的人工溝圳邊，仍住在許多過著水上生活的人家，這些人一家子在船上過著生活。

東京灣因為是廣域的淺海，大型船隻無法靠岸，因而得依靠被稱為「艀船」的運輸船和達磨貨船將貨物分批運送上岸。負責運送這些物資的人，開始在船上生活。明治後期是水上運輸的重要時期，水上生活的船家也就成為「水城東京」不可缺的風景畫。

永井荷風原著，豐田四郎導演的《濹東綺譚》上映於昭和三十五年（一九六〇年），電影的開頭就描述著達磨貨船往隅田川下游行駛的船影，那正是水上人家的船舶，真令人懷念啊！

荷風的《濹東綺譚》以昭和十一年（一九三六年）左右隅田川附近的玉井為舞台背景，電影拍攝於昭和三十五年。原來昭和三〇年代的隅田川，還保留著昭和十年達磨船行駛於水上的生活風景。

以《星期一的詩集》聞名的詩人高田敏子出生於隅田川附近的日本橋蠣殼町的陶器盤商家庭。小時候和父親一起早起散步是她每天的樂趣，通常沿著流經住家附近的箱崎川散步至隅田川。大正末期河上的船隻往來頻繁熱鬧，達磨船主要運送酒樽、稻米、鐵材、小沙石等等。她的《送給女兒的話》（一九八九年）提及當時的景況：「這艘達磨船是船長一家人的住處，小孩在船頭奔跑，船尾用綁著繩子的水桶汲取河水清洗器皿，並且在船上生火煮飯準備三餐。」

其實水上生活是很嚴峻的，例如有小孩不小心從船上落水溺死，可以想像在水生活之險惡，但看在生活在陸地上的小孩眼裡，水上的生活確實有趣。高田敏子便寫道：「水上人家洗衣服和準備三餐的畫面，從岸邊望去，宛如辦家家酒。赤腳奔跑的小孩看起來也很開心。」

高田敏子小時候很嚮往水上的生活，我多少能明白她的心情。昭和三〇年代，新聞短片裡時常播放水上人家的生活，把它當成河川必備的風情畫，真的可以看到「赤腳奔跑的小孩看起來也很開心」的景象。

昭和三十五年（一九六〇年）製作的村松梢風原著的短片集《女經》的第一集《喜歡咬耳朵的女人》（增村保造導演）中，在銀座酒吧工作的若尾文子是水上人家的女兒，每天搭著浮在河上的船到銀座工作。我記得地點應該是在箱崎附近吧！當然現在已經被填平了，變成「城市航空總站」，也是佐藤春夫大正期的名著《美麗小鎮》的舞台背景。

據石井昭示的嘔心瀝血之作《水上學校的昭和史》（二〇〇四年）所述，水上人家的孩子就讀的學校位於月島和深川，皆於昭和四十年關閉。不必說也知道是因為之後進入了以車代船的社會，船的運輸逐漸式微。

稻荷橋

❖中央區八丁堀四丁目

實際上，這裡以前有八個町，約八百七十公尺長的溝圳。

——島田莊司《火刑都市》

觀看昭和三〇年代的電影，除了可以看到東京已經消失的風景，有時還能發現驚喜。例如昭和三十八年（一九六三年）以西田佐知子的暢銷歌曲而製作的日活電影《槐樹的雨停時》（吉村廉導演），發行了DVD，我重看時注意到了意料之外的橋——中央區八丁堀的稻荷橋。

這是一部時尚模特兒淺丘琉璃子和未成名畫家高橋英樹相戀的愛情電影，兩人在稻荷橋上見面，就像《請問芳名》（一九五三年）裡的情侶在數寄屋橋上相會的橋段。

八丁堀是江戶初期建造的人工溝圳，經由龜島川流向隅田川。到了明治被稱為櫻川，不久後在東京奧運時被填平。島田莊司以東京為舞台的推理小說傑作《火刑都市》（一九八六年）裡，熟知江戶時期的東京學者對刑警提到，近年八丁堀被填為平地：「其他像追捕查緝等的時代劇裡面出現的知名八丁堀也是個很好的例子。實際上這裡以前有八個町，約八百七十公尺長的溝圳，填平後變成現在的中央區入船的櫻川公園。」

稻荷橋就搭建在這個八丁堀（櫻川）和龜島川交匯的地方，附近因為有鐵砲洲稻荷神社，因而被命名為稻荷橋。昭和二年（一九二七年）這座橋變成混凝土橋，形狀像永代橋的縮小版，半月型的拱廊十分優美。

永井荷風就深愛著這座橋，他在昭和十年的隨筆〈町中之月〉中寫道，去了銀座購買日用品，夜晚在隅田川畔散步欣賞月亮，走到這座橋：「我邊賞月邊散步的路徑是從佃的臨時堆放場沿著湊町的河岸走到稻荷橋，再橫渡對面的南高橋，抵達越前堀的船舶停靠碼頭。」他倚在稻荷橋的欄杆看著溝圳，是否回想起年輕時曾從這附近乘船至深川啊……

這座荷風喜愛的稻荷橋在電影《槐樹的雨停時》裡反覆出現。衝著這座已經不存在的橋，這部片更是值得一看。淺丘琉璃子好幾次佇立在橋上，和戀人高橋英樹見面。吉村廉導演知道荷風深愛著稻荷橋，所以才選上這座橋作為拍攝地點吧！

正如《火刑都市》裡所述，八丁堀被填平了，現在成為櫻川公園。即便如此，仔細觀察原本稻荷橋所在的道路，會發現路邊刻有「稻荷橋」的橋名柱被完整地保留下來，大概是當地的人刻意留下的吧！

另一方面，龜島川依然在，這條河和隅田川匯流之處架設的南高橋也被保留下來，是都內最古老的鋼鐵桁架橋。荷風時常行經這座橋，橋頭的介紹碑文裡記錄下了這段歷史。

和光鐘樓

❖中央區銀座四丁目

在晴朗無雲的藍天下，那家店蓋的就像風景明信片般動人。

——淺田次郎〈月之雫〉

位於銀座四丁目路口的七層樓高的和光鐘樓（以前是服部鐘錶店），真是美不勝收。屋頂上有鐘塔，正面勾勒出圓弧線的，外觀使用天然石（一種稱為「萬成石」的花岡岩，產於岡山縣岡山市西北方的萬成及矢坂地區）。展示櫥窗也很賞心悅目，氣氛高雅，不像百貨公司常有的垂吊廣告布幕。大家約在銀座碰面時，總是指定「和光鐘樓前」。

這樓建築由服部鐘錶店第二代建造，於關東大地震後東京復興全盛期的昭和七年（一九三二年）完工，出自設計橫濱的新格蘭飯店和城濠的第一生命大樓的渡邊仁之手。

這棟美麗的建築物很快地成為銀座，以及帝都復興的象徵。

永井荷風的《斷腸亭日乘》裡數次提及，每次到銀座總要抬頭看看服部的鐘錶店：「十六夜的月亮在鐘錶店的屋頂上方高掛，散發著光輝」（昭和八年十二月三日）；「抬頭看服部的時鐘，已過十二點二十分」（昭和九年八月四日）；「轉乘通往銀座的市內電車至尾張町，經過時抬頭看了服的時鐘，正好指著六點」（昭和十一年三月十七日。「尾張町」是「銀座四丁目」的舊名）。

「服部的時鐘」成了大家的手錶。電影導演小津安二郎也時常到復興後的銀座遊玩，《全日記：小津安二郎》（一九九三年）中提到，時鐘塔蓋好的隔年，到銀座的小津抬頭望著這座新建的塔：「在德式麵包店邊吃三明治邊聽服部時鐘的報時聲」（五月三十日）；「服部的大時鐘剛好敲鐘報出八點整」（六月六日）。這座時鐘現在依舊發出報時的鐘響，成了代表銀座的聲音。

建築物在戰爭中奇蹟般的逃過劫難，戰後變成美軍福利社，昭和二十七年（一九五二年）接收軍撤退，再度成為銀座的象徵，同時從「服部鐘錶店」改名為「和光」。

早期以銀座為舞台的電影，必定會出現鐘塔的特寫，如成瀨巳喜男導演的《銀座化妝》（一九五一年）、川島雄三導演的《銀座二十四帖》（一九五五年）、藏原惟繕導演的

《銀座戀愛物語》（一九六二年）等等。小津安二郎導演的《晚春》（一九四九年）和《茶泡飯之味》（一九五二年）也拍入了時鐘塔。昭和二十九年（一九五四年）本多豬四郎導演的《哥吉拉》中，從海底出現的怪獸突襲這座塔，是因為它正是東京的象徵吧！而且高度也正好相同。

和光鐘樓終究是高級鐘錶店，一般庶民為之卻步。

「在晴朗無雲的藍天下，那家店蓋得就像風景明信片般動人……日本第一的鐘錶店竟然沒有招牌，取而代之的是屋頂上華麗的時鐘塔。」淺田次郎的短篇小說〈月之雫〉（一九九六年）中，在千葉的工業原料區工作的勞工，為了送高級錶給暗戀的女生而來到和光鐘樓，結果手錶超出預算太多，只能摸摸鼻子狼狽地離開。其實我也一樣，總是站在外面看著大樓外觀，進去的機會少之又少。

左為和光鐘樓。（攝於1987年・東京都提供）

三吉橋

❖中央區銀座一丁目等地

四人走在最初應渡的橋上，三吉橋眼看著漸漸高起。

——三島由紀夫〈造橋〉

流經中央區的築地川上蓋了許多橋樑：離歌舞伎座很近的是萬年橋（其橋畔曾有東京劇院）；靠近新橋一帶的國立癌症研究中心的是采女橋；還有毗鄰築地本願寺、復仇成功的知名赤穗浪士曾渡過的備前橋。

築地川在東京奧運時期被掩埋，後來變成高速公路，原有的橋樑便失去了作用，很可惜。不過這些橋的名字至今依然保留著。

架設在築地川上的橋當中，最特別的算是中央區公所附近的三吉橋。它呈三叉狀，從高空俯瞰就像個Y字，如果是道路就是三叉路。連接中央區的銀座一、二丁目的交界和築地一丁目、新富二丁目，成為三區的匯集處。一般來說橋都是I字形，Y字形的橋很罕見。築地川流到這附近時呈L形轉彎，彎曲的部分和左邊的楓川交會，因此才建造了Y字形的三吉橋。

芝木好子的傑作《築地川》（一九六七年）裡寫道：「面對萬年橋左手邊的上游，河川兩側是車道，接著是祝橋、龜井橋、三吉橋，過了三吉橋後就是新富町。」

這座橋於昭和四年（一九二九年）建造完成，與建於大正十二年（一九二三年）的關東大地震後、隅田川上的清洲橋、永代橋一樣，都是所謂的震後復興橋樑。

三吉橋的名字現在依然為人們熟知，多虧三島由紀夫的短篇小說〈造橋〉（一九五六年）裡的描述吧！新橋的藝伎之間，流傳著有人走過築地川上架設的七座橋，能不開口說一句話，或是沒被任何人叫住說話，願望就能實現的說法。

於是在秋天的某個夜晚，藝伎們打算走完築地川上的七座橋：築地橋、入船橋、曉橋、堺橋、備前橋，最後是三吉橋。三吉橋因為是三叉橋，被當成兩座橋，真有趣。四位藝伎開始渡過祈願之橋：「四人走在最初應渡的橋上，三吉橋眼看著漸漸高起。」

現在三吉橋靠銀座的橋頭廣場豎立了說明碑，引用三島由紀夫〈造橋〉裡的長文。

或許是因為Y字形的橋形很有意思，昭和三〇年代被選為好幾部電影的外景拍攝地點，例如小林旭主演，野口博志導演的《銀座旋風兒》（一九五九年）；石井輝男導演，三原葉子、吉田輝雄主演的《性感地帶》（一九六一年）。

成瀨巳喜男導演的佳作《女人步上階梯時》（一九六〇年）裡，銀座酒吧聘雇的美麗陪酒小姐高峰秀子和思慕她的經理仲代達矢曾走過這座橋。橋下那時還有築地川流過，算是三吉橋最後的樣貌。

泰明小學

❖中央區銀座五丁目

橋樑一側的電車交叉路口前方往左轉，可以看到圓形的三層樓校舍的正面，聳立於直穿大門的石板步道盡頭，美不勝收。

——池田彌三郎《銀座十二章》

活躍於昭和時期的西洋畫家鈴木信太郎有一幅名為〈東京的天空（數寄屋橋附近）〉的作品。畫著昭和六年（一九三一年）當時從位於數寄屋橋旁的朝日新聞社的五樓望向新橋的場景，中央是蓋在外濠川（戰後被掩埋）上的數寄屋橋，與河邊知名的泰明小學。

這間小學於大正十二年（一九二三年）關東大地震時，創立初始建造的磚瓦校舍傾倒毀損。後來，成了所謂的災後復興小學，新校舍於昭和四年（一九二九年）竣工。鈴木信太郎被這棟剛蓋好的嶄新摩登建築物所吸引，故將泰明小學置於畫面中央。

這棟建築物依然位於數寄屋橋十字路口附近。昭和初期建造的小學建築，仍現存於東京市中心，就如昭和七年（一九三二年）竣工的服部鐘錶店（現在的和光鐘樓）依然健在，這在激烈變遷的東京裡近乎奇蹟。

學校創立於明治十一年（一八七八年），已有超過一百三十年的歷史。

現在校門前仍豎立著「島崎藤村 北村透谷 年幼時曾在此學習」的碑，除了這兩位明治的文豪外，這間小學還出了很多名人。像是文人池田彌三郎、金子光晴、矢代靜一等；演員則有加藤武、信欣三、殿山泰司等；戰前知名的女演員岡田嘉子也曾短期讀過這間小學。

信欣三近年很少被提及，他也是劇團「民藝」的名演員，因演出小津安二郎導演的電影《東京暮色》（一九五七年）中，和原節子分開的丈夫一角而聞名。他是銀座食品店函館屋的孩子，函館屋是明治初期成立的冰淇淋店，後來改賣食品，但名號就此延用。

島崎藤村、北村透谷其實是從鄉下來到東京的人，但泰明小學原本是專為銀座的小孩而蓋的學校，池田彌三郎、矢代靜一、加藤武、殿山泰司等人都是銀座出身的孩子。晚他們一個世代的女演員和泉雅子也是就讀這間學校的銀座人。

出身於銀座的天婦羅老鋪天金本家的國文學者池田彌三郎在回憶錄《銀座十二章》

中曾寫道：「我讀了六年的泰明小學位於這座橋（數寄屋橋）的橋下……橋頭處的電車交叉路口前方往左轉，可以看到圓形的三層樓校舍正面，聳立於直穿大門的石板步道盡頭，美不勝收。」

不過與現在已有所不同，正門位在數寄屋橋旁邊。此外，依池田彌三郎所言，北村透谷的「透谷」據說是來自泰明小學旁數寄屋橋的「數寄屋[註]」。這麼說來，殿山泰司的「泰」是否也來自「泰明」的「泰」？「泰」也有「大」的意思。

名導演川島雄三昭和二十八年（一九五三年）的作品《新東京進行曲》拍的就是戰前泰明小學畢業生後來的故事（高橋貞二等人），能被拍成電影的也只有這樣的名門小學吧！

註：日文的數寄屋和透谷唸法相同，都是sukiya（すきや）。

松田大樓

❖中央區銀座五丁目

放學回家時，覺得最好玩的是自動門。裝作要走進去，在門口感應後馬上後退，看著門要開不開的樣子，真有趣。

——加藤武《昭和惡友傳》

銀座的那棟茶色巨型大樓是什麼啊？

它曾在昭和二十八年（一九五三年）上映的小津安二郎導演的電影《東京物語》裡出現過：戰後守寡、在東京工作的原節子，招待從尾道來到東京的公婆笠智眾和東山千榮子在東京一日遊，三人到銀座時，從當時剛裝修完成的松屋百貨屋頂眺望東京街頭。鏡頭拍到了數寄屋橋，遠方中央是國會議事堂，右手邊是朝日新聞社所在的有樂町，左手邊和朝日大樓面對面的偌大建築，屋頂上的塔讓人印象深刻。

這棟現在已經不存在的大樓是昭和九年（一九三四年）完工、八層樓高的松田大樓

（或稱電氣大樓），由東芝的前身東京電氣公司（以松田電燈聞名）建造，以及設計早稻田大學的大隈講堂和日比谷公會堂的佐藤功一和設計東京鐵塔而知名的內藤多仲共同設計。

與銀座四丁目十字路口的服部鐘錶店（現在的和光鐘樓，一九三二年竣工）並排，聳立在數寄屋橋十字路口的松田大樓，是地震後重建的現代東京的代表建築物。除了《東京物語》，其他以銀座為舞台的電影也經常拍到這棟大樓，可說曾經是數寄屋橋的地標。戰前原節子飾演汽車銷售員的作品《東京的女性》（一九三九年，伏水修導演）中，可能因為當時高樓還很罕見，松田大樓看起來雄偉又醒目。

出生於銀座附近的築地的知名演員加藤武據說戰前就讀泰明小學，上下學途中時常在這裡玩耍。「一樓是電子產品的展示場，想買的生活電器用品，吸塵器、洗衣機、冰箱這裡都有展示。」（出自《昭和惡友傳》特輯，一九七六年）當然，無論是哪一件電子產品，在當時的年代，對老百姓來說價格都高不可攀。

加藤武少年在這裡做了什麼呢？「放學回家時，覺得最好玩的是自動門。裝作要走進去，在門口感應後馬上後退，看著門要開不開的樣子，真有趣。然後總是被店員斥責……」

松田大樓最有名的是塔裡到了夜晚投射出來的亮光（探照燈）。這個特色，永井荷風也在《斷腸亭日乘》昭和九年（一九三四年）十一月七日的記述曾提過：「數寄屋橋邊松田電燈的建築最近終於完工，每天夜裡從屋頂的塔上放射出五色的亮光。讓路過的人驚詫地不由得停下腳步。」

江戶川亂步的《綠衣鬼》（一九三六年）開頭也描寫了銀座的探照燈，其參照的實體就是這道亮光吧！

松田大樓在昭和四十一年（一九六六年）改建，變成銀座東芝大樓，裡面還有阪急百貨等店家進駐。一樓的旭屋書店是我每次去銀座必逛的書店，近年來也不在了。一九七〇年左右，我曾在這裡看過三島由紀夫本人。大樓在平成十九年（二〇〇七年）賣給東急不動產……接下來會怎麼變化呢？

新橋演舞場

❖中央區銀座六丁目

這座劇場的風情在於庭院臨河，夏天能沐浴在河上微風吹拂中納涼。

——三島由紀夫《豐饒之海》第三卷《曉之寺》

從新橋到築地之間，現在依然有很多料亭，餘留著花街柳巷的氛圍。相對於舊幕府時期的柳橋，新橋是幕末至明治時期薩摩長州藩的高層人士的遊樂場所，因而十分繁華，發展成所謂的新興街區。

大正時期急速成長的新橋花柳界為了和京都祇園的「都踊」抗衡，發展出「東踊[註]」並提供演出的舞台。在這樣的時代需求下催生出在築地川岸邊、現今銀座六丁目的新橋演舞場。在關東大地震後拉開序幕，也是首都復興期的大正十四年（一九二五年）。

按社史《新橋與演舞場的七十年》（一九九六年）所記述，這表演場是在參與成立帝國飯店的大實業家大倉喜八郎資助下建造而成。設計則拔擢當時仍不怎麼有名的新人菅原榮藏，仿效法蘭克．洛伊．萊特風格的內部豪華氣派，松崎天民在名著《銀座》（一九二七年）中大加讚賞，譽之為實至名歸的「殿堂」。

永井荷風也是開幕當天接受招待的賓客，或許是因為他寫了新橋花柳界的《新橋夜話》（一九一二年）這本佳作吧！《斷腸亭日乘》大正十四年（一九二五年）四月一日寫道，「我受邀參加新橋演舞場開幕。」看完首演的東踊後，他前往築地的料亭，也點了幾名藝伎……只有位於花柳界核心的劇場才有可能這麼做吧！

這劇場不只有東踊表演，還有歌舞伎、文樂，甚至成為新派、新國劇的據點。新國劇之王澤正，也就是澤田正二郎就在是這裡成功登台，獲得人氣。

池波正太郎本來是新國劇的創作家，對這座劇場更是深深愛戀。《池波正太郎的銀座日記（全）》（一九九一年）的某一天曾有如下記載：「昨天黃昏到新橋演舞場觀看新國劇七十周年紀念公演……新國劇的全盛時代，正值少年時期的我在這演舞場不知看了多少戲劇，應該是無以計數。」池波正太郎的新國劇處女作《鈍牛》，由島田正吾主演，

註：新橋花柳界的舞藝表演，始於明治時期，為建立新橋藝伎的口碑，藝伎向大師專研舞蹈、日本樂之藝能。

昭和二十六年（一九五一年）在新橋演舞場上演。

當時的演舞場受到東京空襲的破壞，昭和二十三年（一九四八年）由新數寄屋建築的名建築家吉田五十八完成修復工程。

三島由紀夫的《豐饒之海》第三卷《曉之寺》（一九七〇年）裡，寫進了戰後復興期的新橋演舞場，那是築地川尚未被掩埋的時候：「這座劇場的風情在於庭院臨河，夏天能沐浴在河上微風吹拂中納涼……披著茶羽織的二位藝伎，倚著欄杆、融入河邊的微風中。」

受人敬愛的已逝「澀東畫家」小針美男的《東京徒然畫帖》（一九八六年）裡有一幅〈新橋演舞場夜景〉的畫作。描繪了昭和三十五年從萬年橋往新橋演舞場望去的景色，建築物宛如浮在川上，成為水上「殿堂」。築地川後來在東京奧運時被填平，變成了高速公路。

現今的新橋演舞場是建於昭和五十七年（一九八二年）的第二代建築。

東京溫泉

❖中央區銀座六丁目

「這是什麼？」「快蓋完的澡堂。」

——成瀨巳喜男導演《銀座化妝》

東京也有溫泉。像大田區以溫泉多而聞名，而錢湯（公共澡堂）卻成了大家口中的溫泉，但其實只是加熱過的水，不是天然湧泉。光明正大的以溫泉為名的是銀座三原橋附近的東京溫泉，可以說是現在的休閒錢湯的開山始祖吧！

流經銀座通東邊的三十間堀川，戰後成為因空襲產生的大量瓦礫的堆積處理場而被填平，東京溫泉就位於這塊掩埋地，昭和二十六年（一九五一年）開始營業。

同年出版的木村毅編的《東京案內記》裡，這地方被列為東京的新知名景點，簡介如下：「銀座出現了澡堂，而且是四層樓高的宏偉大樓。內有東京溫泉株式會社銀座中心、土耳其風呂、千人風呂、砂風呂、和尚地獄、混浴……等的眾多澡池，還設有夜總會、舞廳、麻將俱樂部、食堂酒店等，現代浮世風呂等設備一應齊全。」

在東京市中心的銀座興建一個這麼大的錢湯的想法，真是太嶄新了，還有這麼一段說明：「沒有湯女註，而是由五十幾位土耳其浴小姐提供各種貼心服務。」相較現今的澡堂，是很成人的設施，但有穿著泳衣的女性來為入浴的客人服務，以當時來說是劃時代的創舉。

與開幕同一年上映的成瀨巳喜男導演的《銀座化妝》，即是描寫在銀座酒吧上班的女性的悲戀故事，電影裡出現了建設中的東京溫泉。住在銀座附近的新富町、到銀座上班的田中絹代，有一次替從信州來到東京的年輕人（堀雄二）導覽介紹銀座。

他們從新富町走過昭和通往三原橋，橋下流經的三十間堀川當時才被後填平後久不久，同一塊掩埋地工興建著四層樓高的東京溫泉。看板上寫著「土耳其浴池・溫泉百貨公司」，從信州來的、沒見過世面的年輕人問道：「這是什麼？」田中絹代有點尷尬地答道：「快蓋完的澡堂。」含糊帶過。

雖然名為「土耳其浴池」，和如今在小房間提供性服務的泡泡浴不同，僅僅由穿著泳衣的女性提供服務而已。即便如此田中絹代還是覺得對純真的年輕人來說太過刺激，所以才回答「澡堂」吧！這是《銀座化妝》裡令人莞爾的一幕。

東京溫泉的創始人是許斐氏利（一九一二～一九八〇年）。他有好幾個身分，甚至是飛靶射擊的選手，還參加過奧運比賽。許斐戰前曾參加右翼活動而廣結人脈，曾在上海從事特務活動。關於東京溫泉的靈感有好幾種說法，熟知上海的經濟線記者梶原英之認為：「上海戰前就有三溫暖和高級餐廳混合的浴池設施，應該是參考上海而來的。」

昭和三十六年（一九六一年）谷崎潤一郎在《中央公論》發表的《瘋癲老人日記》裡，也出現東京溫泉，「老人」愛戀媳婦，自己的兒子在電視台工作，忙到泡澡的時間都不夠，最後實在不得已只好到銀座的東京溫泉去洗澡，媳婦將先生的狀況告訴了老人：「（因為電視台的浴池很髒）他只好去銀座的東京溫泉洗澡。」

東京溫泉成為昭和三〇年代在都心工作的上班族小歇片刻之處，於平成五年（一九九三年）消失。

註：溫泉住宿處接待客人的女伺。

新橋的「演藝船」

❖中央區銀座八丁目

電影裡三層樓的夜總會以當時位於新橋、叫作『演藝船』的巨型酒吧為範本，興建了中規模的表演舞台。

——《生存》DVD野上照代的解說

夜總會取代戰前的咖啡廳和舞廳，成為戰後誕生的新風化場所，其中尤以昭和二〇年代到三〇年代，位於新橋車站附近的銀座八丁目（現今Recruit公司所在地）的大型夜總會「演藝船」最有人氣。

一如廣大家熟知的音樂劇，「演藝船」原本是十九世紀航行於美國密西西比河的明輪船，因船上可以欣賞表演，才有了這個名稱。這家夜總會靈感正來自於此，模仿明輪的霓虹燈成為店家招牌。開業於昭和二十三年（一九四八年），除了可以用餐，還有舞池，甚至有表演可看。

黑澤明導演的《生存》（一九五二年）中，罹癌而來日不多的市公所職員志村喬，夜晚在街上偶遇如惡魔的男人伊藤雄之助，帶他到紅燈區，有柏青哥店、撞球間、酒吧、舞廳、上空劇場，當然還有夜總會。

夜總會常因跳舞的男女客人而擠爆，老實的志村喬看到這瘋狂的景象大為驚詫。參與這部電影製作的場記野上照代回憶當時的情形說道：「電影裡三層樓的夜總會以當時位於新橋、叫作『演藝船』的巨型酒吧為範本，興建了中規模的表演舞台……為了重現店內氣氛，還到『演藝船』錄音。」（出自《生存》DVD解說）正因為演藝船是當時代表性的夜總會，才能在《生存》一片中重現吧！

大岡昇平原著、溝口健二導演的《武藏野夫人》（一九五一年）中，法國文學家森雅之喝醉走在夜晚街頭的場景，清楚地拍下了明輪霓虹燈的招牌。

在日本被占領管轄的時代，也有很多美軍客人。描寫參與韓戰的美國大兵的電影《獨狐里橋之役》（*The Bridges of Toko-Ri*，一九五四年），來日拍攝外景掀起了話題，電影裡在演藝船工作的女性淡路惠子（她好美！）深受美軍米奇・羅尼所愛。這部片還到了演藝船取景。《電影之友》一九五四年三月號刊登了淡路惠子的〈《獨狐里橋之役》拍攝日記〉。

「『演藝船』中有一些飾演日本客人的臨演，但大部分還是『奧里斯卡尼號航空母艦』運送來的海軍和士官們。這些人在『演藝船』裡受真正的陪酒女郎服務，真的喝起了啤酒來，還配合著音樂起舞。」

拍攝現場氣氛想必相當熱鬧。淡路惠子還寫道，「和日本拍攝的情況不同，現場真的喝起啤酒來，太令我驚訝了。」我在電影中看到玩具小轎車在店內行駛並送酒的景象，很有趣。

永井荷風也曾造訪此地。《斷腸亭日乘》昭和二十七年（一九五二年）九月十八日，這一天荷風受到中央公論社的嶋中鵬二社長的招待至餐廳用餐，回程途中順道至演藝船。戰前經常進出銀座咖啡館的荷風，是如何看待這些戰後出現在銀座的夜總會呢？

這間店後來在昭和四十五年（一九七〇年）結束營業。

第一相互館

❖中央區京橋三丁目

位於京橋的十字路口的一隅，有著紅磚瓦的第一相互館，按俊夫這天買的書裡所述，是「東京數一數二」的高樓建築。

——廣瀨正《負零》

昭和四〇年代初，站在銀座四丁目的十字路口往京橋方向望去，可以看到盡頭處有一棟紅磚建造而成的古老巨大建築。屋頂是半圓塔的建築物，看起來像東京車站的放大版本，與現代風的新大樓毗鄰而立，十分醒目。

它是京橋十字路口東南角的第一生命保險大樓（第一相互館）。以東京奧運為分水嶺的「東京大改造」潮流中，這樣巍巍的哥德式建築依然矗立著，著實讓人吃驚。和位於日本橋下，也是紅磚造的帝國製麻大樓並駕齊驅地雄偉。

桐野夏生以奧運前的東京為舞台的推理小說《水之眠：灰之夢》（一九九五年）裡，

追查「草加次郎」犯下的連續爆炸事件的週刊雜誌特約記者村野曾表示，自己很喜歡京橋附近那棟古老的紅磚建築：「走過大映總公司大樓前，望著對面紅磚的第一生命館（按原文）半圓屋頂，月亮高掛其上……村野尤其喜歡京橋附近以石塊鋪設的道路和古老大樓林立的風景，特別是從銀座這一側眺望時，這棟建築和前方的濱野纖維大樓，真是美不勝收。」

面對即將到來的奧運，混亂之中進行著都更的銀座通上還殘留著古老美好的名建築（大映總公司大樓戰後由大映收購，屋頂上的三角塔為其特色，早已不復存在）。

第一相互館完成於大正十年（一九二一年），換句話說它逃過了前兩年關東大地震的劫難。這棟建築出自設計東京車站的辰野金吾之手，與東京車站相似也可想而知。建築物高達三十六公尺。關東大地震時當時六十六公尺高，東京足以誇耀的淺草十二層樓建築倒榻後，它成為地震後東京最高的建築物，也是日本最早的商業出租大樓。另外還聽說，在屋頂經營啤酒花園的風潮即發源於這裡。

廣瀨正描寫穿越時空之旅的《負零》（一九七〇年）裡，以昭和七年（一九三二年）出生於京橋理髮店的小孩為主角，長大後在昭和三十八年（一九六三年），乘坐時光機穿越時空回到自己出生那年的東京。回到嬰兒時代的男主角俊夫走在老家所在的京橋，望著第一相互館：「位於京橋的十字路口一角，有著紅磚蓋的第一相互館，按俊夫這天買的書裡所述，是『東京數一數二』的高樓建築。」

事實上，翻閱我手邊昭和五年（一九三〇年）發行的《大東京寫真帖》，整條銀座通就屬這棟建築特別高而醒目。

昭和十二年東寶出品、成瀨巳喜男導演的《女人哀愁》電影裡，最後女主角入江貴子站在銀座四丁目附近建築的屋頂上，畫面上可看見對面的第一相互館——這一幕成了珍貴的影像。

這棟華美的建築於昭和四十四年（一九六九年）因老朽而抵擋不了被拆毀的命運。

數寄屋橋

❖中央區銀座

我成長的銀座街區，四周被水包圍，是座「小島」。

——池田彌三郎《銀座十二章》

昭和三〇年代初以前，銀座是個東西南北被河川（人工溝圳）包圍的島。大正三年（一九一四年）出生於銀座的國文學者池田彌三郎在回憶錄《銀座十二章》（一九六五年）中寫道：「我成長的銀座街區，四周被水包圍，是座『小島』。」

從外地進到銀座一定得過橋，如果從有樂町車站和日比谷到銀座則必經過的是數寄屋橋，它架設在現在已被填平的城濠上。關東大地震後，帝都復興時新建造的這座橋，是座沒有多餘裝飾的石橋，也沒有橋柱，走簡潔的現代風格，設計者是對土木工程很有研究的建築家山口文象。

橋樑周圍因當時朝日新聞社（一九二七年）、泰明小學（一九二九年）、日本劇場（一九三三年）等新的鋼筋水泥建築陸續完工後，形成了摩登都市的景觀。

昭和時代活躍的畫家鈴木信太郎昭和六年（一九二九年）的作品〈東京的天空（數寄屋橋附近）〉裡，從朝日新聞社的四樓可以看到正下方的數寄屋橋、外濠川、泰明小學……全都入畫，可知這附近是以數寄屋橋為中心而發展。

永井荷風的《梅雨前後》（一九二九年）以帝都復興時代的銀座為舞台，咖啡館女服務生為主人翁，開頭寫道，住在市谷的女服務生君江搭巴士到日比谷，從這裡走過現在JR高架的下方，度過數寄屋橋來到銀座的咖啡館。

「君江走過高架下方的通道，來到數寄屋橋側，朝日新聞社大樓和周邊的高樓大廈林立，屋頂的廣告氣球飄在空中，雖無心逗留，依然停下了腳步抬頭望著天空……。」

這時期的東京上空常看到這樣飄在空中的廣告大氣球。鈴木信太郎的畫裡就出現了五個氣球，數寄屋橋附近是東京市中心，所以數量特別多吧！

數寄屋橋之所以成名，不用說也知道是菊田一夫原著的人氣廣播劇《請問芳名》（一九五二年～一九五四年）的緣故，劇裡的情侶氏家真知子和後宮春樹邂逅的地點就在這裡，因而一夕成名，幾乎紅遍街頭巷尾。但在高度經濟成長期的都市改造計畫下，銀座溝圳陸續被填平，昭和三十三年（一九五八年）時外濠川和數寄屋橋也跟著消失。

鮎川哲也的推理小說《砂之城》（一九六五年）裡，東京的刑警對從地方來的刑警說，數寄屋橋是明治的文學家北村透谷出生之地：「透谷這名字就是從數寄屋的發音來的，這座數寄屋橋幾年前也已拆除，現在完全看不出半點原來的樣子。」

數寄屋橋公園裡後來立了出自菊田一夫之筆的告示碑「數寄屋橋曾位於此」。

數寄屋橋上的人潮，右側遠方為「廣告氣球」。（攝於1955年．東京都提供）

三十間堀川

❖中央區銀座

這附近叫三十間堀，在被填平之前，入夜後兩側的酒吧和喫茶店的燈光在月光的照映下，特別漂亮。

——電影《銀座化妝》田中絹代的台詞

雖然銀座的數寄屋橋這名字還保留著，但其實那橋下早已沒有河川了。同樣地，銀座的三原橋橋下的河川也已變成了電影院，而流經這座三原橋下的是一條三十間堀川，建於江戶時代，以前的寬幅有三十間[註]，故被稱為三十間堀川。

這條河川流經銀座通和昭和通之間，剛好與這兩條路平行，串連起流經銀座南邊的汐留川及北部的京橋川。在人工溝圳被填平之前的昭和二〇年代前，銀座是東西南北被人工溝圳包圍的島。

銀座的天婦羅老店天金出生的國文學者池田彌三郎，在隨筆〈三十間堀的地藏菩薩〉（出自《日本橋私記》，一九七二年）裡回想昔日寫道，對銀座的人來說，三十間堀川是生活中的河川：「三十間堀的河岸有船，可搭船去看兩國的煙火，還有運送人們在退潮時去品川撿海螺的往來船隻。不只有下町的風情，更擔負著實質的重要角色。」看來，昭和初的銀座確實還存在著「水城東京」的風景。

池田彌三郎的〈三十間堀的地藏菩薩〉指的正是位於此溝渠邊小路上的出世地藏，小時候的池田彌三郎很期待這裡舉辦祭典的日子，夜晚攤販林立，每個月的七日、十八日、二十九日三天舉行。永井荷風的《斷腸亭日乘》昭和八年（一九三三年）六月二十九日和九月二日記錄了到銀座出遊的樣子，荷風似乎很享受這個吉日祭典。這尊「三十間堀的地藏菩薩」（出世地藏）現在被移到銀座三越百貨的屋頂。

三十間堀的模樣的改變，是因為昭和二十年（一九四五年）的東京空襲。銀座在關東大地震受災後，增加了不少鋼筋水泥的耐火建築，卻在空襲時被破壞，變成殘破的瓦礫堆。戰後這些瓦礫被丟入三十間堀川，讓河流因而消失。

池田彌三郎寫道：「戰後在清理這些被炸毀的殘瓦石礫時，這附近的人工溝圳剛好

註：江戶時代一間約六尺，相當於一．八一八公尺，三十間約五四公尺。

變成垃圾場，結果幾乎全被堆滿填平，三十間堀無法倖免。」

井上友一郎原著，成瀨巳喜男導演的昭和二十六年（一九五一年）的作品《銀座化妝》中，在銀座的酒吧工作的田中絹代，帶領從信州來到的純樸青年堀雄二參觀新富町到銀座，走過三原橋，如此說明：「這附近叫三十間堀，在被填平之前，入夜後兩側的酒吧和喫茶店的燈光在月光的照映下，特別漂亮。」

據說三十間堀川沿岸當時有間文人聚集的小吃店「長川谷」，井伏鱒二的回憶錄《荻窪風土記》裡以懷念的筆觸道出了這家店的回憶，河邊的小吃店想必饒富情調吧！

晴海團地

❖中央區晴海

這塊新開發地區的邊陲地帶建造了一整片的鋼筋水泥公寓，距銀座又近又安靜，還是鮮有人知卻便利的住宅區。

——芝木好子〈兒子〉

昭和三〇年代團地（集合住宅）是庶民嚮往的住宅，日本於昭和三十年（一九五五年）設立了日本住宅公團，為解決戰後住宅不足的問題而大舉興蓋團地。「公團建設的住宅，是在空曠土地上蓋集合式公寓」，由此衍生出「團地」這個詞。

東京以三鷹市的牟禮為首，在原宿、用賀、初台、荻窪、阿佐谷等地都陸續建造類似的團地住宅。當中炒熱話題的是這棟高樓團地，建於昭和三十二年中央區晴海填補地的晴海團地，也稱晴海公寓。

這裡包含十樓以上的高層公寓共十五棟，由師事柯比意的前川國男設計，他知名的設計案有上野的東京文化會館（一九六一年）和新宿的紀伊國屋書店（一九六四年）等建案。這一帶不但毗鄰銀座，更因從屋裡就能望見東京灣而深受好評，被譽為「有海景的團地」。

由新藤兼人撰寫劇本，川島雄三導演的《深沉高雅的怪獸》（一九六二年）以晴海團地為舞台，最後鏡頭從海上拍攝團地，混凝土建築群看來宛如浮在海上的船。

於下町出生的作家芝木好子的短篇小說〈兒子〉（一九六三年）中，常參與電視演出的女童星和母親住在晴海團地。對原本住在中央區的新富町的母女來說，晴海團地算是再熟悉不過的鄰近地區。

「從築地跨過勝鬨橋來到月島，再往前面一點就是晴海埠頭。這塊新開發地區的邊陲地帶建造了一整片的鋼筋水泥公寓，距銀座又近又安靜，還是鮮有人知卻便利的住宅區。」淺草長大的芝木好子將晴海填補地視為「新開發區」。此外，「晴海埠頭」在戰後美軍的接收期過後，經過整頓成為外國貿易港口。

昭和三十六年（一九六一年）上映、千葉泰樹導演的《銀座的戀人》，是一部青春電影，描繪了在年輕人銀座商店工作的故事，在歌舞伎座附近經營咖啡店的年輕夫妻寶田明和原知佐子居住的地方就是晴海團地。夫妻倆開著家用小轎車往來於職場的東銀座和住家的晴海團地之間（剛好是家用小驕車開始流行的時代），職居毗鄰。

此外，小津安二郎、里見弴原著、中村登導演昭和四十年（一九六五年）的作品《暖春》裡，住在京都的岩下志麻來東京遊玩，造訪朋友桑野美幸的家。新婚的桑野美幸居住的地方就是晴海團地，岩下志麻欣羨地看著兩房一廳的生活空間。

這座令人嚮往的夢想城進入平成年代後漸漸老舊不堪，在平成八、九年間重新開發，改建成晴海島特里頓廣場等住宅。這裡更有兩間公寓被移往ＵＲ都市再生機構技術研究所（位於東京都八王子）當成展示住宅。

新大橋

❖中央區日本橋濱町、江東區新大橋

「（在醫院）打完針後漫步走上新大橋，雨後河水滔滔，對住在山手的我們來說，簡直是奇觀。」
——永井荷風《斷腸亭日乘》昭和三年六月四日

在横越隅田川的眾多橋中，與名字並不相符、有著古老歷史的正是新大橋。這座橋據說建造於元祿時代，串連現在的中央區濱町和江東區。

目前的新大橋是昭和五十一年（一九七六年）建造的斜張橋，之前的新大橋則是明治四十五年（一九一二年）建造的箱形鋼鐵桁架橋，這座鐵橋長久以來為人熟悉。

成瀨巳喜男導演改編自幸田文原著的《流》（一九五五年），描寫神田川匯入隅田川附近的柳橋花柳界藝伎的故事，一開頭的大河，就是柳橋附近的隅田川，遠方可看見箱形的舊版新大橋，留下珍貴紀錄。

高見順原著、家城巳代治導演，描述淺草舞孃的電影《發自內心的感動》（一九五五年）中，也可以看到舊版新大橋的模樣。舞孃有馬稻子和年輕的大學老師（富田浩太郎）乘坐行駛在隅田川上的水上巴士，從新橋前往淺草，船在行經清洲橋下時，可看到左前方的舊版新大橋。

有馬稻子出了一個幼稚的謎題，要大學老師猜：「你知道隅田川上的『橋』（はし）共有幾座嗎？」答案只有一座：「只有新大橋（はし），因為其他都是『ばし』。」原來如此。

這座鐵橋在關東大地震時沒有崩毀，救了不少人命，因而被稱為「救命之橋」，也躲過了東京大空襲的劫難。

我在讀永井荷風的《斷腸亭日乘》時，得知荷風經常走過這座舊版的新大橋，在橋上眺望風景。例如昭和三年（一九二八年）六月四日這一天，荷風和愛妾小歌一起到隅田川上的中洲（現在箱崎的東京城市航空總站）的醫院後，二人一起走過舊版的新大橋：「（在醫院）打完針後漫步走上新大橋，雨後河水滔滔，對住在山手的我們來說，簡直是奇觀。」這裡的「山手」指的是荷風居住的麻布市兵衛町，現今的港區六本木的高台。荷風站在舊版新大橋上眺望著隅田川的水景，感動不已。

正如杉本章子的直木獎作品《東京新大橋雨中圖》（一九八八年）裡描寫的，出生明治的末代木板浮世繪師小林清親，在他的知名畫作〈東京新大橋雨中圖〉裡，仍是木製的新大橋前方，出現了撐著蛇眼紋雨傘走在路上的女性（小說中是清親的大嫂）背影。

現在的新大橋的正中央建造了露台，前方的主塔有清親的浮雕畫。此外，江東區一側的橋頭保留了舊版新大橋的主要樑柱。昭和五十年（一九七五年），八分之一的舊版新大橋遷移至愛知縣犬山市的明治村裡。

濱離宮

❖中央區濱離宮庭園

和開放的新宿御苑並駕其驅，成為戰後年輕人仿效倫敦人到海德公園出遊的場所。

——獅子文六《自由學校》

很難想像東京市中心有個綠葉蒼鬱和水源豐沛的公園，那就是新橋車站東邊、東京灣岸的濱離宮庭園，緊鄰的汐留是最新發展起來的高樓林立區。這座公園現在依然保有昔日的綠蔭和水池，成為灣岸難得的一塊綠洲。

這公園歷史悠久，建造於江戶時代承應三年（一六五四年）四代將軍德川家綱之時，作為大名的別館。到了明治為宮內省（現宮內廳）管轄，之前被稱為「濱御殿」，後來更名為「濱離宮」，在戰後變成都立公園，開放一般民眾進出。這樣的變遷過程和新宿御苑很相似，也就是所謂的恩賜公園[註1]。

讓戰後的濱離宮一夕成名的主要原因，可說是引爆流行語「とんでもハップン」[註2]的報紙連載小說、獅子文六的《自由學校》（後於一九五一年出版單行本）。戰後的活潑女性由里，和女性化的青年（小說的用詞為「candy Bboys」，甜心男孩）一起到這裡出遊。

「新橋前方有座寶來橋，過橋後轉個彎走一段路，有個濱離宮恩賜庭園……和開放的新宿御苑並駕其驅，成為戰後年輕人仿效倫敦人到海德公園出遊的場所。」至今為止一般人無法進入的名園，變成開放的公共場所。這些地方也成為戰後自由戀愛世代男女的約會地點。

獅子文六的《自由學校》昭和二十六年（一九五一年）由澀谷實導演拍成電影，淡島千景飾演的由里和甜心男孩佐田啟二在這裡開心地聊天散步。因周圍還沒有什麼高樓層建築物，公園前方遼闊的東京灣盡收眼底。

電影裡的淡島千景美麗又活潑，她開朗大方的模樣盡情充分展現和平時代的氣質。開朗的她和男性友人們一起出遊的地點就是開放大眾出入的濱離宮。

和《自由學校》同時期的作品，三島由紀夫的短篇小說〈離宮之松〉（一九五一年）中，在銀座鰻魚料理屋幫忙帶小孩的十六歲少女背著嬰兒來到濱離宮度過初春的一日：

「買了票進到濱離宮公園，望眼看去是枯草庭園，順著剛冒出新綠的稀疏樹叢前行，四處的灌木旁盡是休息的成對男女。」真不愧是約會熱門場所。

那時的東京灣和現在比起來風光明媚。

石坂洋次郎原著，千葉泰樹導演於昭和二十七年上映的青春電影《百花爭妍的山丘》中，在新橋附近的出版社工作的池部良，在夏季某一天和同事杉葉子前往濱離宮乘涼，他們在這裡巧遇了葉子的叔叔志村喬。

接下來的畫面，現在看到肯定會大吃一驚：因天氣實在太熱，池部良和志村喬脫到只剩一條內褲，縱身往眼前遼闊的東京灣跳去。那個時代的東京灣原來還可以游泳啊……

註1：日本政府將戰前宮內省持有的土地，整頓成開放一般民眾出入的公園，算是給天皇賞賜給大眾的舉動，故稱為「恩賜公園」。

註2：不可能，不愧是，真的假的之意。日文「とんでもない」（不可能）和「ネバーハップン」（never happen，從未發生）結合的造字。

中洲

❖中央區日本橋中洲

母親還年輕時，蓋有小劇場、射箭遊戲店，聽起來很熱鬧，現在卻變成普通小鎮，或許是為了讓船容易靠岸，而蓋了很多倉庫。

——岡本加乃子《生生流轉》

在新大橋和清洲橋之間、隅田川河道大轉彎處有個街區，名為「日本橋中洲」，毗鄰的日本橋箱崎町有利木津車站可搭車前往成田機場，名為「城市航空總站」。

前述的清洲橋取自連接江東區的清澄和中央區的「中洲」兩地。中洲，一如地名裡的「洲」字，這裡在昭和四〇年代，人工溝圳（箱崎川）被填平之前是座小島，如果要前往中洲，必得經由架設在溝圳上的中洲橋、女橋、菖蒲橋、男橋不可。箱崎町其實也是個島，有土洲橋可通往。這一帶是真正的「水城東京」。

現在中洲的町內會[註]立的介紹碑上，註記了這一段歷史。江戶時代曾被掩埋，而形成了街區，後來又恢復成沙洲，到明治後再度因建設而被掩埋，至此命名為中洲。

明治二十六年（一八九三年）名為真砂座的劇場完工，周邊漸漸形成了花街柳巷。大正二年（一九一三年）出版的小山內薰的小說《大川端》對於當時繁榮的模樣就有詳細的描述。

永井荷風在昭和之初經常來到這裡的中洲醫院，他從醫院回程時，總是走過清洲橋往江東順道散步。《斷腸亭日乘》昭和七年（一九三二年）四月二十五日寫道：「三點過後前往中洲醫院，從清洲橋搭共乘汽車至砂町瓦斯儲氣槽門前。」中洲是江東散步的起點。

佐藤春夫大正時代的代表名著《美麗小鎮》（一九一九年）裡，夢想家們企圖在東京建造屬於自己的烏托邦，他們思考了很久要選擇哪個地點。後來，他們看到了司馬江漢描繪中洲的銅版畫〈東都中洲之景〉後，便認定這座浮於隅田川上的小島正是夢想中的地點。《美麗小鎮》甚至附上了中洲的地圖，這本名著讓中洲在文學史上留名。

進入昭和之後，這街區的樣子變了。岡本加乃子描寫一位女性生涯的《生生流轉》

註：管理日本社區事務的權力機構，是唯一包容所有居民的傳統組織。

（昭和十四年）裡，對昭和的中洲有如下的敘述：「那裡曾是大川河口三角洲的填埔地，母親還年輕時，蓋有小劇場、射箭遊戲店，聽起來很熱鬧，現在卻變成普通小鎮，或許是為了讓船容易靠岸，而蓋了很多倉庫。」

昭和四十五年（一九七〇年）箱崎川被填平，原址上面蓋了高速公路之後，「洲」的模樣完全消失。昭和三十二年（一九五七年），由香川京子主演的《日蔭之女兒》（松竹宗惠導演），拍下最後時期的沙洲的身影。日本橋芳町的藝伎香川京子和大學生戀人仲代達矢一起站在箱崎川上的土洲橋，對面可以看到中洲和女橋，現在成為寶貴的影像。

白木屋

❖中央區日本橋一丁目

「週六黃昏時分，我們在日本橋的白木屋見面好嗎？」

——椎名誠《仰望著天空流淚》

「在東京一流的百貨公司赤木屋、黑木屋、白木屋，如果是畫著紅白胭脂的大姊要的，要嘛上千還是兩千的價格。但今天跟俺買，不用這價格！」大家都知道這是《男人真命苦》裡的渥美清飾演的攤商寅次郎的叫賣口白。當然赤木屋、黑木屋都是虛構的胡謅說詞，只有白木屋確實是「一流的百貨公司」。

它位於日本橋，創業於江戶初期的一六六二年，有著悠久的歷史。剛開始是木材商（商號由此而來），後來轉型為服飾店，和越後屋（現在的三越）、大丸屋（現在的大丸）並稱江戶三大服飾店。

到了明治，最早開始販賣西洋服飾。夏目漱石的《我是貓》（一九〇六年）裡，「我」的主人苦沙彌老師的家裡，朋友迷亭帶著臨時從靜岡來到東京的伯父登門拜訪。伯父穿著還不習慣的長版大衣，迷亭向苦沙彌說道：「他穿的是前幾天我到白木屋訂做的長版大衣。」在白木屋訂製長版外套透露出，白本屋是間高雅時髦的百貨公司。明治四十四年（一九一一年）更領先業界，首先設置了電梯。

讀永井荷風的《斷腸亭日乘》，可得知這位喝過洋墨水的文人經常光顧白木屋，購買了寢具，還和女性一起去店內走走。大正十一年（一九二二年）二月七日寫道：「在白木屋五樓的洋書店買了一、兩本書。」可知白木屋和現在的丸善一樣也販賣進口外文書籍，真是高檔！

昭和七年（一九三二年）十二月十九日還有這段描述：「回程去看了日本橋白木屋的燒痕，後來到銀座二丁目吃晚飯。」

「燒痕」指的是什麼呢？不用說那就是昭和的大事件之一：昭和七年十二月十六日發生的白木屋火災。前一年才剛重新裝修的地上七樓建築物的四樓玩具販售區突然起火燃燒，造成十四人死亡（其中十三人為店員），約一百三十人輕重傷的悲慘事件。荷風就是去看了這火災後的「燒痕」。

戰前有部電影記錄了白木屋的火災，小島政二郎原著，野村浩將導演的《人妻椿》（一九三六年）。川崎弘子飾演的主人翁人妻在百貨公司工作。有一天發生了火災，惡火迅速燃燒，她任職的服飾區也立即被大火團團包圍。危急存亡之際，愛慕她的青年上原謙現身，從火蛇中順利救出了這名美麗的人妻。

戰後白木屋被納入東急集團，一九六五年更名為東急百貨店日本橋店。

文壇有位年輕人曾在最後的白木屋裡約會：椎名誠的自傳小說《仰望著天空流淚》（二〇一一年）裡，年輕的「我」和心儀的女性見面，地點約在哪裡呢？「週六黃昏時分，我們在日本橋的白木屋見面好嗎？」時值一九六四年，所以這本小說見證了白木屋最後的輝煌。

白木屋後來在平成十一年（一九九九年）關閉，現在變成了Coredo日本橋。

東劇

❖中央區築地四丁目

「我有兩張東劇的票，要不要一起去呢？」

——電影《月薪一萬三千圓》田村高廣的台詞

在昭和二、三〇年代，築地的東劇（正式名稱為東京劇院）可說是都內少數的松竹院線電影院。在高速公路尚未興建之前，座落於築地川沿岸，共六層樓高，建築外觀不是方方正正的直角，而是有時髦感的斜角，看起來前衛時尚。屋頂上有高塔，就像一座浮在河川上的西洋城堡。

說到我個人的回憶，昭和二十九年（一九五四年）小學四年級的寒假，當時我們住在杉並區，我和哥哥們一起在這裡看了美國片《白色聖誕》（*White Christmas*，一九五四年），這部片是我的院線片初體驗。

東劇的開幕營運始於關東大地震後舉行帝都復興祭的昭和五年（一九三〇年）。我手邊有負責設計、施工的大林組製作的傳單，上面寫著「劇場可容納一八九八人」（到四樓的席次）。

這裡還有貴賓室、理容室、休息室、和洋食堂，甚至還有大餐廳，宛如宮殿般豪華。《松竹七十年史》（一九六四年）寫道，這是松竹首次在東京建造的大劇場，當時也上演歌舞伎和新派戲劇，像第六代的菊五郎和第二代左團次都常在這裡熱鬧登台。

不光是戲劇，還有類似現在的歌謠秀等，戰前大受歡迎的愛情片《愛染桂樹之戀》（一九三八年，野村浩將導演）裡，田中絹代飾演的女主角高石勝枝，身穿護士服站在東劇的舞台上，高唱〈母親之愛〉。

很幸運的是，東劇在空襲中毫髮無傷，戰後還以院線片電影院重新出發。

永井荷風在戰後很常前往觀賞先前沒看的電影，他在《斷腸亭日乘》一書中昭和二十七年（一九五二年）五月八日的日記裡，記下他到東劇觀看金．凱利主演的《在巴黎的美國人》（*An American in Paris*，一九五一年）。

同樣以昭和二十七年的銀座為舞台的小說有樋口修吉《銀座北飯店》（一九九三年）。故事裡人稱「公主」的前公爵千金小姐，住宿在築地川沿岸、小間的北飯店，很喜歡看電影：「她最中意的電影院，就是北飯店附近的東劇。」

我記得昭和二十七年的東劇上映了約翰．韋恩的《紅河谷》（*Red River*，一九四八年）等電影。

東劇也常被拍進松竹電影裡，所以我想東劇曾是松竹自豪的電影院吧！小津安二郎導演的《晚春》（一九四九年）裡，嚴本真理在這裡舉辦了小提琴演奏會。

川島雄三導演的青春電影《天使也會做夢》（一九五一年）裡，鶴田浩二和津島惠子在東劇看了大庭秀雄導演的《純白之夜》（一九五一年，三島由紀夫原著），森雅之和木暮實千代接吻的一幕令兩人心跳加速。

野村芳太郎導演的上班族故事《月薪一萬三千圓》（一九五八年）裡，田村高廣邀約社內的知名美女杉田弘子：「我有兩張東劇的票，要不要一起去呢？」看起來這間豪華的院線電影院是很有面子的約會地點。

後來，東劇因結構老舊，於昭和四十七年（一九七二年）拆除，兩年後建了現在的新建築物。

佃之渡船

❖中央區佃一丁目、湊三丁目

夜空如水般清透，前往明石町佃的渡船欣賞月色。

——永井荷風《斷腸亭日乘》大正八年八月十日

昭和三〇年代以前，仍有渡船往返流經東京正中央的隅田川上，尤其為人熟知的是佃之渡船頭。這一段渡船連結聖路加醫院所在的築地明石町和浮在隅田川上的佃島兩地，由燃媒蒸氣引擎的汽船拖曳客船。航程時間只要五、六分鐘，一天約有七十班次往返，由東京都營運，船票免費。

昭和二十一年（一九四六年）清新風格的青春片《幸運夥伴》（佐伯清導演）中，由榎本健一和清水金一主演住在佃島的年輕人，經常搭乘這段渡船，兩人還在船上開朗地歌唱。在戰爭結束後的混亂時期，隅田川上行駛的汽船模樣，展現了戰後復興的光明未來。

同樣以戰後東京為舞台、黑澤明導演的《流浪犬》（一九四九年）裡，刑警三船敏郎為了追蹤偷了槍的犯人在東京四處搜尋，搭上了佃之渡船。

美空雲雀也搭乘過佃之渡船。她少女時代拍的電影《雲雀的悲哀眼神》（一九五三年）裡，美空雲雀主演的中學生住在佃島，到對岸的明石町的國中上課，所以上下學都得搭渡船。搭船上學是「水城東京」才有的風景。

渡船始於江戶時代，汽船的定期運行則是起於明治十六年（一八八三年）。永井荷風從大正六年（一九一七年）到八年，在築地周邊租房子生活，夜晚的散步行程之一就是步行至海邊（東京灣）眺望佃之渡船。他在《斷腸亭日乘》大正八年四月四日裡寫道：「不知夜寒。漫步至佃之渡船口，欣賞河口的夜景。」同年八月十日則寫道：「夜空如水般清透，前往明石町佃的渡船欣賞月色。」為撫慰夜晚的寂寥，一個人散步在街頭，站在渡船口眺望河口夜景或月色，是都市生活的愜意享受。

大正十五年（一九二六年）渡船由東京市接手營運，最早出現佃之渡船的電影算是昭和八年（一九三三年）成瀨巳喜男導演的默劇《每晚的夢》了。抱著小孩在咖啡廳工作的女主角栗島澄子就住在佃島，她到銀座一帶的咖啡廳去工作時，就是搭乘佃之渡船。

之後有很多電影裡都拍入了這風景，最後一部應該是昭和三十七年（一九六二年）上映、高見順原著，豐田四郎導演的《在哪一片星空下》吧！在築地川沿岸經營關東煮小店的山本富士子，要去朋友乙羽信子的家時搭的就是渡船。佃之渡船在東京奧運舉辦的昭和三十九年（一九六四年），隨著佃大橋的完工而消失蹤影。豐田四郎似乎知道這遲早會消失的命運，刻意拍入鏡。

圖文書《佃之渡船的時代》（一九九四年）裡，佃島居民有著這樣一段美好回憶：

「夏天夜晚，當嬰兒不肯入睡，就一起搭渡船來來回回，反正是免費的。在河上清涼的微風吹拂和船身的搖擺中，很快就進入夢鄉。」

民眾於佃島下船的模樣。（攝於1963年・東京都提供）

港區

Minato

迎賓館

❖港區舊赤坂二丁目

穿過外面鐵門看到的外觀宛如英國的白金漢宮殿，建築物的內部則宛如法國的凡爾賽宮。

——福田恒存〈國立國會圖書館〉

鄰近中央線四谷車站的迎賓館，正如其名，是特地為了接待國外貴賓而蓋的設施。其華麗建築風格教人聯想到英國白金漢宮和法國凡爾賽宮，讓一般人難以親近。

這地方原本是紀州德川家宅邸所在地，現在的建築是為了讓當時仍是皇太子的大正天皇居住而蓋的東宮御所。設計者是宮廷建築家片山東熊，曾師事影響明治近代建築甚鉅的英國建築家喬賽亞·康德。在中日戰爭後，日本為了宣揚國威，耗費了約十年的歲月打造而成。竣工於明治四十二年（一九〇九年）。當時稱為東宮御所，之後改名為赤坂離宮。

現在一般人根本難以進入這棟輝煌巍巍的建築裡，據說內裝精緻華美。但令人意外的是，戰後有一段時期曾開放一般人自由進出。

昭和二十三年（一九四八年）到昭和三十六年期間，這裡成了國立國會圖書館。占領期間在美國人的建議下開放一般人進出，可說是戰後不久，由美國主導的民主化政策的一環。

評論家兼作家的澀川驍長期任職於這間圖書館，他的隨筆《書庫的個人閱覽室》（一九九七年）裡描寫當時圖書館宛如宮殿的模樣。據他描述，建築物之豪華讓人很難和圖書館聯想在一起。正面階梯兩側是墨綠色大理石，閱報室的天井由十六根大理石柱支撐，天花板繪有日本近代的代表畫家黑田清輝、岡田三郎助等人的畫作。走過深紅絨毯抵達一般閱覽室，讀者在豪華的水晶吊燈下看書……怎麼想都覺得奢侈！

昭和二十八年（一九五三年）作家福田恒存曾親訪過圖書館並寫下〈國立國會圖書館〉一文，描述了其豪華的模樣：「穿過外面鐵門看到的外觀宛如英國的白金漢宮，建築物的內部則宛如法國的凡爾賽宮。」極盡奢華的建築物令人咋舌，總結來說這宮殿「不是為了居住而建，而是為了觀賞而建」。

據說明治天皇震懾於豪華的程度，從來不曾利用過，或許是認為明治時期仍是開發中國家的日本，還不配擁有這樣的建築。

昭和二〇年代曾有電影將當時成為圖書館的迎賓館入鏡，彌足珍貴。那就是昭和二十九年上映，由美空雲雀主演，野村芳太郎導演的青春電影《青春浪漫席，倚坐青草上》。飾演高中生的美空雲雀竟然到這裡念書。

其實我本人也是在幾年前一個偶然的機會下，在「名畫座」[註]看到這部電影，才意外得知原來迎賓館以前曾被當成圖書館。究竟，美空雲雀在這裡讀了什麼書呢？

註：指專放老電影的主題電影院，有時也會放映二輪或三輪電影。

汐留貨物車站

❖港區東新橋一丁目

東京車站如有乘客出入的表玄關之稱，這座汐留車站可說是貨物的表玄關。

——飯塚增一導演《警視廳物語：深夜一三〇列車》

新橋車站的變遷有著意外的曲折經過。

很多人都知道日本最早的鐵道始於明治五年（一八七二年），當時是行駛於新橋至橫濱之間的蒸汽火車。最早的新橋車站位址和現在不同，較靠近東邊海岸，距離目前地點約三百公尺遠。

明治三十七年（一九〇四年）十九歲的詩人北原白秋從福岡柳河赴京、搭乘列車抵達的新橋車站，就是草創時期的新橋站。明治四十二年在現在的地點蓋了烏森車站，大正三年（一九一四年）時因為東京車站開設而更名為新橋車站（第二代）。

第二代的新橋車站因關東大地震損毀而改建（第三代）。昭和戰前大受歡迎的純愛電視劇、由川口松太郎原著，野村浩將導演的《愛染桂樹之戀》（一九三八年）中，田中絹代主演的單親媽媽護士，和青年醫師上原謙私奔，兩人相約見面的地點則是第三代新橋車站。

第三代車站直到昭和五十二年（一九七七年）才改建，變成現今的模樣（第四代）。和我同世代的人，說到新橋車站印象最為深刻的要屬這座第三代的車站。建築結構和第一代雖然相似，但比現在的車站多了一些趣意。

昭和二、三〇年代為數不少的日本電影裡拍下了這個時期的車站建築。比如說以市川崑導演，描寫新橋車站前的派出所警員（池部良）的電影《破曉追跡》（一九五〇年），以及近年獲得高度評價的鈴木英夫導演，由丹波哲郎飾演殺人犯的《殺人嫌疑犯》（一九五二年）等作品裡都曾出現。

石川達三原著、吉村公三郎導演，在當時引起話題的電影《四十八歲的抵抗》（一九五六年）中，有妻小的中年男性山村聰和銀座酒吧的年輕女性雪村泉到熱海幽會旅行時，就是在這座新橋車站會合，我猜想是因為沒有東京車站那麼顯眼吧！

例子繁多不及備載，看起來第三代的新橋車站現在幾乎被人們遺忘，但在昭和二、三〇年代的電影裡可是占了重要的角色。

那麼回頭來看，第一代的新橋車站後來呢？明治四十二年建了第二代後，第一代車站就更名為汐留車站，變成了貨物運輸站。昭和三〇年代的汐留是知名的貨物車站。

高見順描寫昭和三〇年代東京的小說《都會夜色》（一九五五年）裡，主人翁是作家，也是高見順的分身，曾在流經新橋車站的汐留川畔徊徘，場面如下：「河岸的另一邊有著偌大的廣場，是汐留貨物車站的腹地，遠方可看見幾台起重機。」

昭和三十五年（一九六〇年）東映出品的電影《警視廳物語：深夜一三〇列車》片頭拍到了汐留貨物車站，旁白說道：「如果東京車站是乘客出入的表玄關，這座汐留車站可說是貨物的表玄關。」

汐留貨物車站後來在一九八〇年代，於中曾根康弘首相活化民間的政策推行期間將土地賣給了私人企業，納入都市更新計畫，現在高樓大廈林立。目前其中一隅重現了初代新橋車站的建築「舊新橋車場」，成為紀念館。

麻布・山形飯店

❖港區六本木一丁目

單身的偏奇館館主，最近邀請客人喝茶或喝酒時，總是喜歡到這間飯店的食堂。

——佐藤春夫《小說永井荷風傳》

相信不少人知道，永井荷風住過的洋樓有著奇怪的名字——「偏奇館」。從大正九年（一九二〇年）到昭和二十年（一九四五年）三月十日因東京大空襲被燒燬之前，荷風在這裡獨居了二十五年。荷風買下這棟兩層樓的洋樓後自己著手改裝。

當時的地址是麻布市兵衛町，現在是港區六本木一丁目。一走出地下鐵南北線的六本木一丁目車站即是「泉公園塔大樓」，這就是偏奇館所在地。連原本地形都徹底改變的都市改造計畫，使這裡不再是當時的外觀，唯一令人安慰的是平成十四年（二〇〇二年）在港區教育委員會的主導下，大樓前的綠地豎立了「偏奇館原址」的石碑。

在東京，港區與文京區同樣以坡道很多而聞名，偏奇館位於名為「御組坂」的坡道頂端，說是位於崖上也不為過。隔著一個低谷的另一端山崖上則是名為山形飯店的兩層樓建築，只有數十個房間的小型飯店，是大正六年（一九一七年）由一位倫敦的歸國人山形巖所建。

當時的東京除了帝國飯店和東京車站飯店之外，幾乎很少看到西洋風的飯店，興建於麻布高台上的山形飯店雖然是私人經營的小型飯店，卻深受外國人喜愛。這間與荷風住處隔著低谷的山形飯店，是荷風喜愛的用餐之處，他也很常在這裡接待客人。

非常尊敬荷風、尊他為師的佐藤春夫在《小說永井荷風傳》裡曾寫道，大正十三、四年曾在山形飯店的食堂看過荷風：「單身的偏奇館館主，最近邀請客人喝茶或喝酒時，總是喜歡到這間飯店的食堂。」

事實上，只要讀《斷腸亭日乘》就可以知道荷風很常光顧山形飯店。大正十一年十二月四日的記述中就有「今天開始晚餐在鄰近的山形飯店的食堂用餐」，也隨處可以看到「在山形飯店用完晚餐」、「去山形飯店吃飯」、「為避免自炊的不便，決定到鄰近的山形飯店住宿」等，山形飯店的名字。

昭和七年三月四日的日記裡，甚至還留下了從偏奇館眺望山形飯店的素描畫，散發出山上小屋的氛圍。對單身的荷風來說，山形飯店真的很方便。

創業者的兒子是已過世的名演員山形勳。我曾見過他，並且詢問了這家飯店的背景緣由。山形勳回憶小學時看到的荷風，說他是個時髦的紳士，能優雅的使用刀叉，看起來就是曾喝過洋墨水的風雅人士。

昭和四年（一九二九年）因世界經濟恐慌導致經營惡化，三年後結束營業。現在改建成大樓的綠地上豎立了原本「山形飯店原址」的石碑（二〇〇四年）。這棟大樓的住戶佐藤光男先生是荷風的超級書迷，他號召鄰居和不動產公司、建設公司立下這座紀念碑，真的太感人了。

青山墓地

❖港區南青山

兩側高台是墓地，寬闊參道上是整排櫻花樹，冬陽穿過枯枝灑落。沒有人影的靜謐墓園，特別能讓人靜下心來，完全沒有陰暗的氣氛。

——芝木好子《女性青春》

江戶時代的東京，淺草和芝區一帶寺廟的墓地本來已足夠，但進入明治維新後，因應人口增加，加上愈來愈多人從地方遷移到東京，墓園便變得不夠用了，需要更大的公墓。

因此在明治五年（一八七二年）蓋了染井墓地，明治七年則有谷中墓地及青山墓地完工。當時這幾個地點還屬東京郊外，通常墓地都選在遠離市區的僻壤之地。三個公墓中以青山墓地最廣，占地超過八萬坪。大久保利通，乃木希典、西周等明治偉人的墳墓都安置於此。

現在一聽到青山，會讓人聯想到熱鬧的街區，但在明治、大正時期，這裡是雜草叢生的郊區。墓地建造者是齋藤茂吉的義父，任青山腦科醫院的院長。茂吉之子北杜夫的鉅著《榆家的人們》（一九六四年）是齋藤家三代的故事，故事開頭為大正時代，位於青山的醫院建築十分醒目，因當時的青山是被墓地包圍的郊區。

醫院周圍有著「廣大的墓地」、「稀疏錯落的住家」、「遼闊的空地」，正因為是這樣的郊區，才建得出如此宏偉的「腦科醫院」（精神病院）。

在「榆家」待很久的「老婆婆」和榆家的孩子們一起遊戲時，唱了這樣的歌：「從青山墓地出現了三個三個白色的妖怪／三個三個紅色的妖怪。」青山在那個年代一直被這樣當作是郊區、都會周邊的鄉下地區。

不久，隨著青山逐漸發展起來，青山墓地漸漸變成都會裡的廣大綠地，也成了市民常去的另類的公園，掃墓也變成在綠地裡的散步。

芝木好子的《女性青春》（一九五六年），以在築地的果菜市場工作、因戰爭失去丈夫的女性為主角，某個冬天的星期日，女主角到青山墓地探望丈夫的墓。

「兩側高台是墓地，寬闊參道上是整排櫻花樹，冬陽穿過枯枝灑落。沒有人影的靜謐墓園，特別能讓人靜下心來，完全沒有陰暗的氣氛。散步時，地上濡溼的枯葉，發出沙沙的聲音。」女主角把青山墓地當成公園，愉快地走著，掃墓變成愜意的散步行程。另外，「寬闊參道上的櫻花樹」的描寫，讓青山墓地成了行家才知道的賞櫻景點，仍有不少人來到園區賞櫻花。

大岡昇平以昭和時期在銀座酒吧工作、為文人所愛的真實女性為藍本寫成的小說《花影》（一九六一年）中，描寫打算自殺的主人翁在春天夜裡，和熟識的客人一起去青山墓地，看到夜晚的櫻花不禁沉醉，她不自主說出「美到讓人想吃掉它」。

《花影》在昭和三十六年（一九六一年）由川島雄山導演，池內淳子主演，拍成電影，最後池內淳子（她好美！）和客人池部良一起去青山墓園賞夜櫻，如原著所寫，說出「美到讓人想吃掉它」的台詞。

最後，這裡還有忠犬小八和主人的墓。

文京區

Bunkyo

小石川植物園

❖文京區白山三丁目

「你第一次到植物園嗎？」
「嗯，第一次。氣氛真好，能在這種地方散步真是舒服。」

——井上靖《明天來的人》

文京區是二十三區裡綠地最多的一區，因為有很多學校和寺廟神社，而說到文京區的綠地，第一個讓人聯想到的是白山的小石川植物園。五代將軍德川綱吉的別邸所在處。山本周五郎原著、黑澤明導演的《紅鬍子》（一九六五年）中描述的小石川養生所就在這裡。

明治以後這座園子成為東京大學的法理文三學院附屬植物園，於明治十年（一八七七年）對外開放，成為近代的植物園。

「『親愛的，去植物園吧！』太太從廚房對先生說。」森鷗外的短篇小說〈田樂豆腐〉（一九一二年）的開頭，讓人聯想到鷗外本人的主人翁「木村」在太太的催促聲下，到小石川植物園渡過夏日的一天。

明治末期，西洋的新花種傳入，為了記錄花的名字，「木村」拿著筆記本和鉛筆前往植物園——他真是位勤勞上進之人。〈田樂豆腐〉的篇名起於記錄植物名稱的木片很像田樂豆腐，真是幽默的命名。

這座植物園將近五萬坪的廣袤土地上種植著為數眾多的植物，有著靜謐隱匿的鄉村氛圍，也是男女邂逅的地方、幽會的場所。

芝木好子描寫從戰前到戰後的漫長愛情故事《不知明天》（一九六九年）中，戰爭時期的主人翁麻子在哈爾濱的報社分社任職。有一次在咖啡店和青年少將見面，談話內容如下：

「我學生時期經常去小石川植物園散步，你知道那裡嗎？」

「嗯，我小學時曾去遠足。」

「那附近很適合一個人散步。」

「植物園的樹和花草都有標示板寫上名字，記住那些植物名字真有意思。」

講到植物園的回憶時，初次見面的兩人突然像戀人般拉近了關係。

井上靖的長篇作品《明天來的人》（一九五四年）中，關西的實業家出資，讓年輕女性在銀座經營西洋服飾店，有一次二個人偷偷到小石川植物園幽會——

「你第一次到植物園嗎？」

「嗯，第一次，氣氛真好，能在這種地方散步真是舒服。」

川島雄三導演在隔年將這部小說改拍成電影，故事裡的實業家山村聰和愛人新珠三千代（她好美！）前往植物園，看到很像大株芒草的植物，不由得被被吸引，說明板上寫著「蒲葦」，才得知其名。

安部公房有一篇篇名詭異的短篇小說〈蟹甲木菊〉（一九四九年）。主人翁「柯蒙君」有一天莫明其妙地突然變成了植物，這植物就叫「蟹甲木菊」。看起來像是虛構的花草名，事實上真有其物。

按植物學者塚谷裕一的〈《蟹甲木菊》異聞〉（一九九三年）所述，當時住在小石川植物園附近的安部公房，在這裡得知了蟹甲木菊 這種名字罕見的珍稀植物，所以用它來當成小說的題材吧！這棵樹當然也附有像「田樂豆腐」的說明文吧。

切支丹坂

❖文京區小日向一丁目

但我最終還是挑戰成功了，騎著自行車滑下切支丹坂恐怕只有我吧，真有成就感。

——志賀直哉《自行車》

東京和京都、大阪、名古屋相形之下，可說是個滿是坡道的城市，尤以下町和山手交接的港區和文京區最多。地下鐵丸之內線、茗荷谷車站南邊，地下鐵車庫西邊的切支丹坂就是一個很陡峭的坡道，是東京為數眾多的坡道裡數一數二的狹仄陡坡。

切支丹坂的名字來自江戶時代的「切支丹屋」。按知名的責繪師[註]伊藤晴雨的《文京區繪物語》（一九五二年），「切支丹屋是宗門奉行井上筑後守所屬屋舍，寬永年間建了牢獄，專門囚禁信仰切支丹宗（即基督教）的異教徒，在當時占地廣闊，後來因為同

註：以受綑綁的女性為作畫題材的情色畫家。

宗門的衰退，入獄人數減少，寬政四年終至廢獄。」

走下切支丹坂就會和丸之內線相遇，雖然是地下鐵，但這一段卻行駛在路面上，或許是坡道太多的緣故。丸之內線的東側是小石川緩丘。永井荷風的老家就在山丘上（文京區春日二丁目）。

荷風在《日和下駄》一書中記下了孩提時期小石川附近的樣子。也提到了切支丹坂：「我出生的小石川是個有很多山崖的地方。讓我最先想起的是從茗荷谷的小徑仰望左右側的山崖，另一則是有著詭譎名字的切支丹坂，坡道歪斜，在它對面有一個像山路般細窄的坡道，攀爬而上即通往小日向台町的裡側，我忘了斜坡的名字。」明治時期這附近是蒼鬱茂密的樹林，正如茗荷谷這名字，算是不折不扣的低谷。

文學史上曾有一位騎著腳踏車，一路不曾踩煞車在陡峭的切支丹坡往下滑、精力充沛的年輕人——志賀直哉。他回憶小時候的短篇作品〈自行車〉（一九五一年）中，「我」自十三歲起有五、六個年頭熱衷於騎腳踏車。

當時腳踏車還沒有國內製造的，幾乎都是來自美國的舶來品，算是奢侈的騎乘物。主角騎著腳踏車在東京各地繞行，「我開始對騎著腳踏車攀爬和下滑於東京各地的陡急坡道感到興味盎然。」他開始騎著腳踏車挑戰東京的陡峭坡道，如赤坂的三分坂和靈南坂，還有毗鄰的江戶見坂等。

其中最為恐怖的算是切支丹坂，不但很陡峭且道路狹窄。兩側房舍的占地盡是蒼鬱大樹，連白天也是一片昏暗，宛如「騎腳踏車學雛鳥飛過山頭」。

「但我最終還是挑戰成功了，騎著自行車滑下切支丹坂恐怕只有我吧，真有成就感。」事實上，即便現在要騎腳踏車一路滑下這個陡峭的坡道依然需要極大的勇氣，我很明白志賀直哉快意酣暢的心情。

腳踏車滑下切支丹坂後就會看到行駛在高架上的地下鐵丸之內線，穿過高架下的通道後，是上坡的石頭階梯庚申坂，通往小石川的春日通，和切支丹坂相連。

描寫漫畫家的青春歲月、市川準導演的佳作《常磐莊的青春》（一九九六年）裡，他出現這個坡道，年輕時的赤塚不二夫（大森嘉之）爬上這座坡道。只有深愛著東京的市川準導演才會選上這條小坡道作為電影外景的拍攝地。

後樂園競輪場

❖文京區後樂一丁目

「太有趣了，我下注的人竟然落到最後，但在最後一回合突然超前時，真是大快人心啊！」

——《茶泡飯之味》鶴田浩二的台詞

說到競輪（單車競賽），英文也直接以羅馬拼音Keirin表示，和賽馬相比歷史其實很短。依日本自行車振興會的《競輪十年史》所述，自行車賽被當成戰後復興的一環，始於昭和二十三年（一九四八年）十一月，發源地產煤礦而繁盛的北九州小倉，因比賽圓滿成功而立即普及全國。

爾後競輪場（自行車場）在日本各地紛紛冒出，最核心之地算是東京的這座後樂園競輪場。依社史《後樂園運動場50年史》所述，它開幕於昭和二十四年，由東京都政當局舉辦的自行車賽獲得空前人氣，連高松宮殿下夫妻也一起前來觀賽。社史裡收錄了昭和四〇年代從天空拍攝的後樂園一帶，競輪場比後樂園球場還大。

將後樂園競輪場拍入鏡的電影也不少，最早的應該是人氣喜劇演員，暱稱為「清金」的清水金一主演的《清金的無敵競輪王》（一九五〇年，西村元男導演）。清金因學生時期打工，每天騎三輪車載送客人，腰腿在無形的鍛鍊下變得強而有力，後來成為自行車手，在後樂園的比賽中獲勝。場內人氣爆滿，不但有預測結果的賭客，連NHK都實況轉播，就知道當時的熱烈盛況。

當時還有女性自行車手，小森白導演的《女競輪王》（一九五六年）中，由新東寶旗下體型豐滿迷人的人氣女演員前田通子演出自行車手。她在自行車學校接受訓練，後來參加後樂園的比賽獲勝，這部片子裡場內觀眾也是大爆滿。

社史裡如此記載，「敝社競輪場二十五年來第一次進行改造，二十九年以後經常擴增改建……堪稱東洋第一的設備和位於都心的優越條件，吸引越來越多愛好者，收入增加，這裡躍升為敝社的事業基盤。」

女性其實也熱衷於觀看自行車賽，增村保造導演的《接吻》（一九五七年）中，年輕情侶川口浩和野添瞳一起前往後樂園競輪場。在男友的帶領下第一次來觀賽的野添瞳，比賽一開始便熱情投入。她因為自己是六月出生而下注「六」號，沒想到票券竟然中了，於是興奮大叫，樣子真是可愛。這算是新手賭客的好運。

「警視廳物語」第二十三集《自供》（一九六四年，小西通雄導演）裡出現了在後樂園競輪場工作的年輕女性（本間千代子）。那是什麼樣的工作呢？原來是看照片判定誰先抵達的裁判，愈是人氣旺的比賽，其公平性就馬虎不得，所以才會出現這樣的工作。這部電影也是在觀眾爆滿的後樂園裡拍攝的。

意外的是小津安二郎的作品裡也曾出現競輪場。《茶泡飯之味》（一九五二年）中，喜愛自行車賽的年輕人鶴田浩二對前輩佐分利信邀他去後樂園，並說道：「太有趣了，我下注的人竟然落到最後，但在最後一回合突然超前時，真是大快人心啊！」

大受歡迎的自行車賽在昭和四十二年（一九六七年）因反對公營賭博的改革派美濃部亮吉成為都知事後，在四十七年關閉了競輪場。

菊坂

❖文京區本鄉

過了這坡道的左邊後側看起來像磨鉢底的窪地，面向高處的坡崖上，幾排長屋並列。一道細窄的石階道路，通往長屋盡頭。

——芝木好子〈本鄉菊坂〉

如果在本鄉三丁目十字路口的派出所左轉，會走到一條斜向延伸緩降的坡道。現今這個斜坡的右邊是文京區本鄉五丁目，左邊是四丁目和有著不知名町名的地方，但昭和三〇年代以前，這裡有個古意的名稱：菊坂町，這個坡道的名稱就叫「菊坂」（菊坂之名依不同時代也指稱這地區其他坡道，但通常指的還是這條坡道）。

這附近奇蹟般地躲過關東大地震和東京空襲，倖免於被燒燬的命運，雖然地處都心，卻保留了昭和的懷舊風情：路旁淨是木造的兩層樓建築，包含瓦屋簷、石階、坡崖、小巷道、錢湯、長屋……令人不禁詫異現今竟然還存在這樣的區域，宛如偷偷隱身於大馬路後方的另一個世界。

田宮虎彥昭和二十五年（一九五〇年）的短篇作品〈富士〉、〈菊坂〉都以昭和初期，在菊坂的廉價旅館生活的貧窮青年為主人翁。〈富士〉即寫道：「我移居的住宿處名為富士見軒，當然不可能看見富士山。位於本鄉台町往菊坂的下坡，而且再隔兩三間就通到菊坂大街，與其說是位於坡道中間，更接近坡道底部。」

這一帶和文學家有很深的淵緣，像年輕時的石川啄木和宮澤賢治曾住在這裡過。坡道盡頭右後方有間大正三年（一九一四年）開業的菊富士飯店，因宇野浩二、大杉榮、谷崎潤一郎、直木三十五、竹久夢二等人都曾下榻過，而在文學史上留下「文人旅舍」之名。

此外，說到菊坂，大家更熟知的就是樋口一葉的故事了。年幼喪父的一葉，和母親、妹妹三人於明治二十三年（一八九〇年）搬到菊坂裏町的小屋。生活困苦的一葉經常去的伊勢屋當鋪倉庫，現在依然位於坡道中間，走下當鋪對面的石階，前方就是一葉一家人居住的屋子。

追溯著一葉的足跡的當代作家芝木好子在短篇小說〈本鄉菊坂〉（一九六三年）裡寫道：「過了這坡道的左邊後側看起來像磨缽底的窪地，面向高處的坡崖上，幾排長屋並列。一道細窄的石階道路，通往長屋盡頭。」

這段文字描繪了現今本鄉四丁目一帶的模樣，一葉居住時的長屋風景至今依然隱身其中，被保存了下來。內側有石階，延伸至崖上，宛如電影搭設的場景。古老的水井還在，被稱為一葉之井。

這口井所在的長屋在好幾部電影裡曾出現過，最為人熟悉的莫過於林芙美子原著、成瀨巳喜男導演的名作《晚菊》（一九五四年）吧。戰前是藝伎，戰後借貸金錢的女性杉村春子住的即是這間長屋。片中不但出現一葉的水井，還有杉村春子爬上對面石階的畫面。不愧是深愛著古老東京街道的成瀨巳喜男導演。而一葉臨終之地本鄉區丸山福山町（現在的文京區西片一丁目）就位於菊坂的正北方。

台東區

Taito

松屋百貨淺草店的屋頂遊樂園

❖台東區花川戸一丁目

花川戶的水岸屹立著松屋服飾店的建築物，橋邊是地鐵地下道入口。這裡的街頭風景完全改變。

——永井荷風《斷腸亭日乘》
昭和六年十二月十一日

二〇一〇年五月，松屋百貨淺草店的屋頂遊樂園「Play Land」關門了。這間位於淺草的松屋於關東大地震後的東京復興期昭和六年（一九三一年）開幕，百貨公司所在的裝飾藝術風建築是東武鐵道車站，松屋只是進駐的商場。這建築可說是東京的車站和百貨公司共構的最早案例，東武電車從二樓的車站往隅田川方向行駛，設計師是車站建築的權威：久野節。

永井荷風在當時落成後隔了一段時間才來到淺草，看到這棟沿著隅田川的松屋巨大建築物，《斷腸亭日乘》昭和六年十二月十一日的日記寫道：「花川戶的水岸屹立著松屋服飾店的建築物，橋邊是地鐵地下道入口。這裡的街頭風景完全改變。」

為了吸引兒童，這間松屋的屋頂先是蓋了遊樂園「Sport Land」。《松屋百年史》（一九六九年）裡寫道，淺草松屋的主要客層是向來不被淺草地區重視的女性和兒童，而且興建了母親和小孩一起同樂的「Sport Land」，深受歡迎。尤其是名為「航空艇」的兩台纜車，從屋頂的一端移動到彼端，很有人氣。

昭和十年（一九三五年）成瀨巳喜男導演改編自川端康成原著的《少女心三姊妹》中，堤真佐子主演的淺草少女在松屋屋頂的一幕，清楚拍進了那兩台纜車，其模樣教人聯想到飛艇。

松屋在昭和二十年（一九四五年）三月十日的東京大空襲中內部幾乎燒燬，但建築外觀倖免於難，隔年十二月很快地重新營業。取代戰前的航空艇，成為戰後屋頂遊樂園的知名地標的是名為「Sky Cruiser」的摩天輪。雖說是摩天輪但與一般不同，它是橫向平面的、有著像土星環的外型，周圍環狀部分可旋轉，到了夜晚霓虹燈亮起，閃爍著光輝。

昭和二十七年（一九五二年）上映、木下惠介導演的《卡門純情物語》裡，曾從向島一側拍進了隅田川對岸屹立的松屋，屋頂上可以清楚的看到「Sky Cruiser」。不知道完工的確切年份有點可惜，看起來當時就已存在。說到「Sky Cruiser」出現的電影，在日本拍攝的美國犯罪電影《竹屋》（*House of Bamboo*，一九五五年，山繆．福勒導演）最為知名。最後調查官官羅伯．史塔克為了追捕來到日本的黑道大哥羅伯．萊恩，爬上了這座摩天輪。當時也有很多日本電影將「Sky Cruiser」拍攝入鏡，不勝枚舉。

那時候，別說迪士尼樂園了，連後樂園都還沒蓋起遊樂園的時代，這裡是孩童心中的天堂。

大正三年（一九一四年）誕生於淺草高級服飾店的作家芝木好子以父親為主角寫成的《隅田川暮色》裡，描寫了松屋開幕後，父親的店受影響、客人漸漸減少……沒想到這間松屋現在連最有人氣的屋頂遊樂園也關門了。

雷門大樓

❖台東區淺草一丁目

尖塔——有著類似教堂屋頂的鐘樓是圓形的水泥塔，東西南北面有四個觀景眺望窗，窗框是鐵網紋，壁面只有下緣為綠色，上面是水藍色，圓形天花板有著玻璃裝飾燈。

——川端康成《淺草紅團》

那頂端凸起的尖塔是什麼啊？或許還有人有印象，昭和三〇年代以前的淺草有一棟六層樓建築物，其屋頂有展望塔，塔頂造型是尖型的……

這棟建築之所以為人熟知，我想是因為井荷風《濹東綺譚》（一九三七年）一書裡木村莊八的優美插畫，其中一幅插畫描繪了從隅田川上架設的吾妻橋看往淺草的風景。橋的右側是松屋百貨，左側畫有這座尖塔建築物，在高樓還很少的昭和初期和松屋一起屹立在淺草地區。

這是一棟建於昭和四年（一九二九年），位於地鐵淺草站上方的地鐵大樓，通稱「雷門大樓」，裡面有好幾間食堂進駐，也是車站大樓。

日本最早開通的地下鐵是昭和二年行經淺草至上野之間的路段，營運者是實業家早川德次經營的東京地下鐵公司。地下鐵開通兩年後，這大樓竣工，其高度雖然只有明治時期十二層樓高的淺草地標「凌雲閣」的一半，地震後成為淺草復興期的新地標。

川端康成於昭和四年發表，以大地震後景氣再次復甦的淺草為背景的小說《淺草紅團》獲得好評，作品裡也寫進了這棟剛竣工的大樓：「尖塔——有著類似教堂屋頂的鐘樓是圓形的水泥塔，東西南北面有四個觀景眺望窗，窗框是鐵網紋，壁面只有下緣為綠色，上面是水藍色，圓形天花板有著玻璃裝飾燈。」

由這段屋頂尖塔的描述，可知它是棟相當摩登的建築。尖塔有著和之前十二層樓高建築相同的展望塔，「四個觀景眺望窗」可以遠眺東西南北四方的景色。

據《淺草紅團》所述，東邊窗戶望出去是隅田川東岸，也就是現在的墨田區和江東區的工廠一帶；西邊窗戶對著上野區，再遠一點可以看到尼古拉教堂；北邊窗戶則可以看到淺草寺及更遠方的千住瓦斯儲氣槽……生活在淺草的現代少女將這座尖塔比擬為巴黎的艾菲爾鐵塔，假裝自己是尚·考克多畫的〈艾菲爾鐵塔的新娘〉。

昭和十二年（一九三七年）的東京大空襲讓下町幾乎全部燒燬，淺草也受到嚴重破壞，雷門大樓卻奇蹟似地逃過劫難。高見順以戰後再度熱絡起來的淺草為舞台、描寫淺草六區[註]舞孃的小說《發自內心的感動》中，知道戰前淺草樣貌的「我」，經歷了空襲的悲痛後，睽違多年重返淺草時說了以下的話：「神谷酒吧及地下鐵的樓塔，看起來逃過了戰火的摧殘，宛如從前……」

逃過空襲劫難的大樓，後來的命運怎麼了呢？雖然我開頭寫道「昭和三〇年代以前的淺草」，但尖塔似乎在東京奧運時期就被遮住，摩登外牆遭到改建，平成十三年（二〇〇一年）尖塔被拆除，六年後完全變身為新的大樓。

永井荷風原著，以戰後的向島的紅燈區鳩之街為舞台，久松靜兒導演的佳作《候鳥何時歸》（一九五五年）中，將從吾妻橋西側看向淺草的夜景拍入鏡，雷門大樓的剪影清楚地浮現在畫面中……宛如《濹東綺譚》裡木村莊八的插畫。

註：明治初期位於淺草的繁華街區，劇場、電影院、商店街等娛樂設施聚集的鬧區。

仁丹塔

❖台東區西淺草一丁目

仁丹的燈高掛在雪靄的天空裡，紅、淺綠及橙色的燈光將都會裡的雪景染得鮮亮明媚，我不禁再度凝望著這睽違多時的夜色。

——北原白秋《白色閃耀之物》

明治、大正時期淺草的象徵地標是建於明治二十三年（一八九〇年）在六區北邊的展望塔淩雲閣，高達十二層樓，樓高約五十二公尺，當時可說是東洋第一。但如川端康成的《淺草紅團》裡所描述，「舊時淺草的地標，十二層高的塔因大正十二年的地震而『折斷了頸部』。」關東大地震讓十二層的高塔，在六、七樓高之處崩塌，之後被陸軍工兵隊爆破拆除。

在首都復興的過程中，取而代之的是興建於昭和七年（一九三二年），位於雷門通西邊盡頭、地鐵田原町車站附近的仁丹廣告塔。建在大樓頂上的塔高約四十五公尺，雖不及淩雲閣，但外觀和淩雲閣相似，成了淺草新地標。

昭和十二年（一九三七年）上映的《夜之鴿》，由電影大師石田民三導演，是一部描寫淺草下町少女（梅園龍子、竹久千惠子）的人情故事，原著為武田麟太郎的《一之酉》。電影將夜晚的仁丹塔拍入鏡，「仁丹」、「仁丹牙膏」的霓虹燈在夜空中閃閃發亮。

北原白秋於大正末期到昭和初居住在上野附近的谷中，某個冬日的黃昏時分從上野的山上眺望淺草。「仁丹的燈高掛在雪靄的天空裡，紅、淺綠及橙色的燈光將都會裡的雪景染得鮮亮明媚，我不禁再度凝望著這睽違多時的夜色。」（出自《白色閃耀之物》）。高塔閃爍著各種顏色的霓虹燈，即使從遠處看來依然十分醒目吧！

高塔後來在戰爭中，成為金屬徵收的對象，於昭和十九年被撤除，社會氣氛回穩的昭和二十九年（一九五四）再度興建。

隔年，由馬稻子主演的淺草舞孃、改編自高見順的原著、家城巳代治導演的《發自內心的感動》裡，出現了剛蓋好的仁丹塔。舞孃的工作夥伴、吹小喇巴的大木實住在淺草的公寓，窗外即可看到仁丹塔，占據畫面中央，因為周圍尚無高層建築物，更為明顯。

但第二代的塔也在一九八〇年代之後，漸顯老朽。後來林海象導演逆向操作，讓第一代仁丹塔在《像做夢一樣沉睡》（一九八六年）重新登場，因應昭和初期的時代背景，刻意製作出這部默片。接受委託尋找失蹤女兒的私家偵探（佐野史郎）為了追查線索登上仁丹塔……電影是在第二代的仁丹塔上拍攝。

森田芳光導演早期的傑作《像那一樣的東西》（一九八一年）裡，年輕的落語家（伊藤克信）一大早在東京街頭散步。他從東武電車的堀切車站一帶，經由向島、淺草回到谷中的自宅，全程愉快地漫步在行人尚少、乾淨整潔的清晨街頭。鏡頭經過淺草時，拍入了雷門通前方豎立的巨大仁丹塔。

島田莊司以東京為舞台的推理傑作《火刑都市》（一九八六年），負責調查連續縱火事件的中村刑警，為了追查和事件有關連的謎樣年輕女性而來到淺草：「中村搭地鐵來到淺草，出了地面一看是雷門前，而仁丹塔就在大街上。」

仁丹塔在這本推理小說出版後不久的同年七月因老舊而被拆除掉了。

新世界

❖台東區淺草二丁目

從淺草六區的任何地方都可以眺望到的，已不再是被掩埋的瓢型池，而是夜晚六區的新地標。

——三島由紀夫〈百萬圓煎餅〉

淺草六區曾經有個瓢型池，位於現在的中央競馬會的Wings淺草（場外賭馬票券發賣處）大樓所在地，是明治十八年（一八八五年）建造的人工池，有大小二個池，合起來稱為「瓢簞池」，長久以來是淺草六區的知名景點。戰後因水質汙穢，昭和二十六年（一九五一年）遭掩埋。後來在這塊土地上建設了七層樓高的娛樂設施「新世界」，昭和三十四年竣工。

新世界是棟什麼樣的建築物呢？

我手邊剛好有昭和三十五年（一九六〇年）上映的東寶電影，高峰秀子飾演銀座酒吧的女店員，成瀨巳喜男導演的《女人步上階段時》的場刊裡刊登了新世界的廣告，當時的文案為「逛不完的娛樂百貨」。一樓是名店街，二樓到四樓是劇院，可以看舞台表演和電影，類似有樂町的日劇及淺草的國際劇場。五樓和六樓是室內遊樂園和魔術秀場，七樓是大食堂，其他還有和風餐廳和音樂喫茶店。

在只有百貨公司頂樓才有娛樂設施的年代，這裡確實是「逛不完的娛樂百貨」。三島由紀夫同年發表的短篇小說〈百萬圓煎餅〉裡，細膩描寫平凡年輕夫妻到新世界遊玩的光景。生性風雅的三島由紀夫，會選擇淺草的新景點做為舞台令人意外。年輕夫妻在一樓名店街買了印著一百萬圓如紙幣形狀的煎餅邊吃邊逛「娛樂百貨」。

兩人來到四樓的室內遊樂園，進入「海底兩萬哩」的珍奇小屋參觀。搭上雙人乘坐的小火車，可以看到深海大鯨魚和巨大鮟鱇魚就在身邊「游泳」。還有像走進鬼屋一樣，展示著溺死的屍體。接著到魔術秀場，地面是傾斜的房間，有會移動的走廊。有點像現在迪士尼樂園的陽春版，兩位年輕人開心地玩著這裡的設施（最後才知道原來倆人是神秘秀場的工作人員）。

新世界的屋頂上當時還蓋有少見的天文台，為五重塔構造。這座五重塔入夜後霓虹燈亮起，和淺草地標十二層的凌雲閣一樣，這裡也曾經是風光一時的地標。

三島由紀夫的〈百萬圓煎餅〉裡，寫道：「從淺草六區的任何地方都可以眺望到的，已不再是被掩埋的瓢型池，而是夜晚六區的新地標。」

將當時夜晚的新世界的五重塔入鏡的電影有昭和三十六年（一九六一年）的新東寶電影，石井輝男導演的《性感地帶》，及三十八年的松竹電影《下町的太陽》等，為淺草當時輝煌閃爍的霓虹五重塔留下紀錄。

然而，這個新世界也跟不上時代潮流的快速變化，在昭和四十八年消失了蹤影。

昭和30年代淺草六區繁榮盛況，右後方建築即為新世界。（攝於1962年・東京都提供）

花屋敷

❖台東區淺草二丁目

「喂，我們去淺草吧！」「要去花屋敷嗎？」「好啊，贊成，去花屋敷吧！」

——宇野浩二《悲苦世界》

東京出現像迪士尼那樣的遊樂園後，像淺草花屋敷這樣具往日淳樸情懷、位於街坊上的小遊樂園就很容易被遺忘。其實雲霄飛車穿梭在古屋民宅的前廊，仍然充滿趣味。

花屋敷於明治十八年（一八八五年）開園，有著久遠的歷史。從花屋敷的名字可知道這片土地栽種各式各樣的花朵，當時出自淺草的園藝職人森田六三郎之手。另外，經歷過明治、大正、昭和三代的自由記者長谷川如是閑的父親（深川地區木材商），據說曾參與這座花屋敷的初期經營。或許因為如此，如是閑年輕時寫的小說《馬》、《象屋的久米先生》等作品裡，都有以珍奇小屋為舞台的作品，靈感應該是來自這花屋敷吧！

大正時期被譽為文學之鬼的作家宇野浩二的名著《租子屋》（一九二三年）和《悲苦世界》（一九二〇年）曾經描寫過這時期的花屋敷。《租子屋》裡，當時在淺草邊陲地帶生活、幫朋友帶小孩的男人把小孩租給私娼。私娼們抱著小孩，假裝是母親以躲避警察的耳目。

有一次一名私娼對小孩這麼說：「『小朋友你可以把姊姊當成母親嗎？』女人繼續熱心地說道，『只要你願意，我就帶你去你想去的地方喔！小朋友，姊姊帶你去花屋敷好不好啊？』」

這段落讓我們得知大正時代淺草的花屋敷，對小朋友來說是人氣的樂園。不，不只小朋友，連大人也會到花屋敷。宇野浩二的《悲苦世界》裡，在現實社會裡混得不好的男人們，為了振作起精神，有時候也會到花屋敷。小說裡出現這樣的對話：「喂，我們去淺草吧！」「要去花屋敷嗎？」「好啊，贊成，去花屋敷吧！」

提到昭和初期描寫花屋敷的小說首先聯想到的是大地震後，川端康成的《淺草紅團》，因深刻描寫淺草逐步復甦的景況，引起年輕世代對淺草產生興趣。從書裡可以得知昭和之初，花屋敷和昆蟲館等地在淺草是如此受歡迎。

「淺草的花屋敷和昆蟲館這二個小屋是家族出遊的好地方，諸君應該也很熟悉……

因為有旋轉木馬。」

戰後，花屋敷變成下町的孩子和年輕人熱愛的地點。昭和三十八年（一九六三年），東京奧運前製作，山田洋次導演的佳作《下町的太陽》裡，在向島的香皂工廠工作的倍賞千惠子果真和在向島鐵工廠工作的年輕人勝呂譽在假日來花屋敷遊玩，兩人也因此拉近距離而相愛……花屋敷也是年輕人戀情萌芽的約會場所啊！

兩大師橋

❖台東區上野公園等地

混凝土地橋跨越鐵道連接對面的上野公園。中間是車道，兩側有步道的陸橋雄踞鐵道上空，青年每天都會經過這座兩大師橋。

——鮎川哲也《黑天鵝》

上野車站往鶯谷站的JR路段上，有一座跨越鐵道的陸橋「兩大師橋」。從這座橋上不但可以眺望山手線，也可以俯望京濱東北線、常磐線、宇都宮東北本線、高崎線上各式各樣的車輛，深受鐵道迷喜愛。連假日都有很多稱為「子鐵」的鐵道迷孩童，拿著相機來此朝聖。

這座橋連結西邊的上野公園和東邊的下谷（現在的東上野）。「兩大師」之名取自上野公園內的兩大師堂。祭祀的是平安時代天台宗的僧侶良源（慈惠大師）和江戶時代創建上野寬永寺的天海（慈眼大師）兩位大師。

佐多稻子的東京回憶錄《我的東京地圖》（一九四九年）裡，想起大正時代的上野，寫道，「山上的兩大師裡舉辦了互助會……互助會當天，那一家的先生、這一家的老闆娘等左鄰右舍，都聚集到兩大師裡的廣大園內排坐著。」由此可看出兩大師堂的人氣之旺。昭和八年（一九三三年）為了讓淺草下町的人也能順利來到這間上野的山上寺院，建造了跨越鐵道的兩大師橋。

大正二年（一九一三年）出生於上野車站東口的攝影師桑原甲子雄曾拍下了昭和十二年（一九三七年）的兩大師橋（收錄於《桑原甲子雄寫真展：東京・昭和摩登》），書裡有以下的說明：「連結下町和上野公園的這座橋，離我家很近，拍了不少底片。」連結兩個街區的橋拓展了年輕攝影師的行動範圍。

兩大師橋也經常出現在電影裡。今井正導演的《來日再相逢》（一九五〇年）裡戰時的不幸戀人岡田英次和久我美子去上野的都立美術館看完「戰爭美術展」後，穿越上野公園走到兩大師橋一幕，可說是暗澹青春裡少數恣意放鬆的片刻。

林芙美子書寫三位藝伎老後的人生，後來由成瀨巳喜男導演改編的《晚菊》（一九五四年）中，細川千加子的獨生子小泉博確定將到北海道任職時，從上野車站搭乘東北本線列車，展開新的人生旅程。他的母親細川千加子和也曾是藝伎的朋友望月優子，一起站在兩大師橋上目送兒子啟程。

由起繁子原著，田坂具隆導演的《女傭》（一九五五年）中，愛慕著即將要回故鄉秋田的女傭（左幸子）的小男孩，從兩大師橋上看著北上列車漸遠，讓人聯想起現代的「子鐵」。

推理作品裡也曾出現過兩大師橋。鮎川哲也的名著《黑天鵝》（一九六〇年）裡，在東北本線上埼玉縣的久喜車站附近發現中年男子的屍體，似乎是躺在列車車頂被運來的，究竟是怎麼來的呢？

一天早晨，和往常一樣在上野車站附近散步的青年走在兩大師橋上。「混凝土陸橋跨越鐵道連接對面的上野公園。中間是車道，兩側有步道的陸橋雄踞鐵道上空，青年每天都會經過這座兩大師橋。」這名青年在橋上發現了血跡，於是向警察報案，犯人可能是從兩大師橋上將屍體推落……兩大師橋橫跨鐵道的特色，在許多作品裡都被描寫得栩栩如生。

淺草國際劇場

❖台東區西淺草三丁目

來到國際通，似乎是國際劇場的松竹少女歌劇下午公演剛結束的樣子，看起來像觀眾的盛裝少女成群占滿街道，往田原町走去。

——高見順《在哪一片星空下》

現在淺草觀景飯店的所在地，在昭和五〇年代之前曾是松竹歌劇團（通稱「SKD」）的總部「淺草國際劇場」。從正面看去是有點弧形的半圓形結構，四層樓高，屋頂有著高塔，雄偉壯觀，是座容納將近三千六百人的超大劇場。舞台也很大，和表演人數眾多的SKD相呼應，近百位舞者一字排開列隊起舞的畫面，著實壯觀。

山田洋次導演的「男人真命苦」系列第二十一集《走自己的路》（一九七八年）中，渥美清飾演的寅次郎喜歡上木實奈奈飾演的SKD舞者，熱情頻繁地到國際劇場看表演。

依《松竹七十年史》（一九六四年）所述，淺草國際劇場於昭和十二年（一九三七年）

七月三日開幕，當初是為了對抗東寶的日劇而建造的。因為SKD（誕生於一九二八年，當時名為SSK）只能在淺草松竹座或新宿第一劇場等地公演，所以松竹為SKD量身打造這座演出據點。

第一次公演是《東京舞蹈》。按《松竹七十年史》描述，水之江瀧子（Taki）等巨星們開著六台汽進場，「間口十五間（約二十七公尺），深八間（約十四公尺）的大舞台幾乎被占滿，充滿爆發力的青春活力和美艷璀璨的一幕幕上演著，讓滿場觀客看得目不轉睛，為之傾倒。」沒想到七七事變爆發之前，竟然還有如此華麗的劇場表演。

來看華麗歌舞劇的客層，明顯和淺草六區劇場不同。高見順描寫戰前淺草的小說《在哪一片星空下》（一九四〇年）寫道，會來國際劇場的女孩通常不會去六區：「來到國際通，似乎是國際劇場的松竹少女歌劇下午公演剛結束的樣子，看起來像觀眾的盛裝少女成群占滿街道，往田原町走去。」

換言之，少女們大多在地下鐵的田原町和國際劇場來來去去，不會靠近六區。可知這裡算是淺草裡獨樹一格的地方，根本沒有淺草的氣氛。

這劇場在昭和二十年（一九四五年）的東京大空襲遭到到火燒，建築物本身沒有嚴重損壞，所以比預料中更快恢復，於昭和二十二年十一月重新開幕。

昭和二十八年上映、美空雲雀少女時代的電影《千金小姐社長》（川島雄三導演）中，當上牛奶糖公司社長的美空雲雀是SKD的戲迷，經常來看戲，最後甚至連自己也登台演出。

另外還有一位令人感到意外的SKD戲迷，那就是昭和私小說作家野口富士男，他在隨筆〈華麗歌舞戲劇私見誌〉（出自《虛空舞動的花瓣》）裡寫下當時的回憶。SKD誕生後便經常前往劇場，他還是戰前的大明星西条惠理子的影迷，常和朋友一起在最接近舞台的觀眾席尖叫「惠理、惠理、小惠理」，這位樸實不起眼的純文學作家竟然是SKD的超級影迷，真的很難想像。就連在戰後，國際劇場關閉後的歌舞伎座公演也一場都不曾缺席，真正的忠實粉絲。

這座劇場在昭和五十七年（一九八二年）關閉，現在只有前面的街道依然保留著「國際通」的名字。

水上巴士

❖隅田川

共乘渡船雖然是西式的，眺望著大川（隅田川）對岸的景色，真是美不勝收，船裡的小販在船上叫賣著各式各樣的商品，更充滿了趣味。

——飯島正《我的明治、大正、昭和》

川島雄三導演，美空雲雀童星時主演的電影《千金小姐社長》（一九五三年）中，糖果製作公司的員工美空雲雀從銀座附近外出前往淺草時，搭乘行駛隅田川的渡船。當時往來於濱離宮和淺草之間的嘟嘟蒸氣船，不是觀光用的船，而是定期往返、都民代步的渡船，也就是水上巴士。

明治時期隅田川上有定期的蒸氣船舶往來航行，和陸蒸氣（蒸氣火車）相對應，被稱為「川蒸氣」，所謂的嘟嘟蒸氣船。因為運費只要一錢，另有「一錢蒸氣」的暱稱。

電影評論家飯島正的回憶錄《我的明治、大正、昭和》（一九九一年）提及自己大正時代學生時期就讀一中（現在的日比谷高中），要到當時數一數二的熱鬧淺草看電影，會先從日比谷來到永代橋搭渡船：「從永代橋的橋墩搭乘『一錢蒸氣』……一錢蒸氣就是戰後的水上巴士。」

芥川龍之介曾走訪關東大地震後復興中的東京，在隨筆〈本所兩國〉取材時，寫到了搭乘復航的蒸氣船：「川蒸氣過了藏橋往下游行駛，一直航行至廄橋。」

成瀨巳喜男導演的昭和十年（一九三五年）的作品《流言女兒》中，深川附近酒販的女兒千葉早智子也搭乘一錢蒸氣船。可知這渡船是當時東京人日常生活中的一部分。

另外，飯島正還寫道，船內還有賣東西的小販：「共乘渡船雖然是西式的，眺望著大川（隅田川）對岸的景色，真是美不勝收，船裡的小販在船上叫賣著各式各樣的商品，更充滿了趣味。」煎餅、牛奶糖、蜂蜜蛋糕、名信片等，據說都有販賣。

渡船在戰時因燃料不足而停駛，戰後復航，再度受到都民廣為利用，稱為「水上巴士」。清水宏導演以母親為題材的佳作《母親的容姿》（一九五九年）中，由根上淳飾演的父親是水上巴士船長。電影裡，行駛在隅田川上的渡船上看到了沿岸美麗風景。中村登導演的人情喜劇《千客萬來》（一九六二年）中，知名配角中村是好同樣飾演往來淺草與兩國橋間水上巴士的船長，當時水上巴士的船長或許是人氣職業吧……

河野多惠子於昭和三十七年（一九六二年）發表的名著《美少女》中：「到了渡船頭，離宮內很閑靜，但外面卻比想像中聚集了很多人，船就在此時靠岸。」女主人翁和男性朋友及其美少女妹妹，三人在某星期日搭乘水上巴士，從濱離宮前往淺草。搭水上巴士去淺草，原來是歡樂的一日遊。

水上巴士後來又消失一時，近年又以「水城東京」的姿態慢慢復出，現在有兩家公司營運。

隅田川上定期往來航行的蒸氣船舶，又稱「川蒸氣」。（攝於1963年 · 東京都提供）

荒川區

Arakawa

東京球場

❖荒川區南千住六丁目

「老爸，那個發光的地方是什麼？」「東京運動球場啊！新蓋好的棒球場，晚上會開著燈比賽喔！」

——秋本治《烏龍派出所・光之球場！之卷》

昭和三十八年（一九六三年）上映，由坂本九主演的青春電影《仰望星空》（番匠義彰導演）發行了ＤＶＤ。這部電影靈感來自坂本九主唱的同名銷暢曲，描述荒川區夜校高中年輕人的青春故事。片頭是攝影機空拍的夜晚東京，在黑暗城市裡有閃耀著光芒的地方，那是有夜間照明的棒球場，鏡頭拉近時，看到綠油油的草坪很美麗。

我原本以為是後樂園球場，結果卻不是，那是當時荒川區南千住的東京球場，於昭和三十七年開始營運，大每獵戶座隊（千葉羅德海洋隊的前身）的總部。

戰後有兩個職業棒球隊誕生：每日新聞社的每日獵戶座隊和電影公司大映聯合隊，

兩個隊伍又於昭和三十二年（一九五七年）合併成大每獵戶座隊。老闆是名氣響亮的大映社長永田雅一，球隊之前借用後樂園球場做為活動總部，但永田雅一一心想擁有一座自己的球場，於是興建了新球場。

他的地點不是選在都心，而是下町，這決定很罕見。按荒川故鄉文化館的企畫展手冊《消失的娛樂殿堂：你知道東京球場嗎?!》（二〇〇〇年）所述，其所在地在戰前是生產毛織品的官營工廠千住製絨所，周圍多是地方上相關製品的工廠，可說是職人之町。這一帶於是誕生了最新的棒球場，不但「可以穿著木屐去看球賽」，而且成了當時的新地標，為下町居民常去的地方。

秋本治的人氣漫畫《烏龍派出所．光之球場！之卷》裡，家裡經營佃煮屋的父親帶著孩子前往球場的樣子被畫了下來。一開頭搭乘電車常磐線的父子對話如下——

「老爸，那個發光的地方是什麼？」

「東京運動球場啊！新蓋好的棒球場，晚上會開著燈比賽喔！」

下町幾乎沒有高聳建築物，球場變得格外顯眼，照明甚至比後樂園球場更明亮，故被稱為「光之球場」。

大每時代是山內、田宮、榎本等選手活躍的時期。後來經過東京獵戶座時代，昭和四十四年（一九六九年）又變成樂天獵戶座後，四十五年由濃人涉教練接手，旗下的有藤、阿特曼等人屢屢贏得勝利，讓下町的球迷們看得熱血沸騰。

令外意外的是私小說家野田富士竟然也是球迷，在隨筆《時代的轉折》（一九九一年），透露自己是獵戶座隊創始以來的球迷，時常到東京棒球場看比賽。

讓下町居民一時熱血沸騰的球場因電影公司大映的倒閉，於昭和四十九年畫下句話，只維持了十二年的短暫生命。

昭和四十三年的電影《劃破黑暗的一槍》（村野鐵太郎導演）中，最後佐藤允飾演的萊福槍魔逃進了這座球場。不但拍進了整個球場，連記分板等細節都被拍下，成為貴重的影片資料。這部片當然是大映製片的作品。

如今原球場用地變成了荒川區的綜合運動中心。

白鬚橋

❖荒川區南千住三丁目、台東區橋場二丁目

「我們每天都在不同時段走過這座橋，你就把信放在這裡。」「不須貼郵票的信，只有我們倆才知道的信。」

——丸山誠治導演《兩人的秘密之橋》

白鬚橋位於隅田川上游，連接西邊台東區和荒川區邊界及東邊的墨田區，橋上的道路為明治通。這一拱橋和下游的永代橋形狀相似，於關東大地震後的昭和六年（一九三一年）架設，也就是所謂的災後復興橋樑，以前曾是木橋。

地震受災後，船運復興，北原白秋昭和二年記錄隅田川沿岸風景的《大川風景》（「大川」即指隅田川）中寫道：「左邊是淡淡的白靄河霧，長長的木橋是白鬚橋。」現在的鐵橋是後來建造的。

永井荷風的《寺島記》（一九三六年）裡寫道：「我突然想起，大正二、三年時，木造的白髯橋完工，還得付橋費才行。」（荷風誤寫成「白髯」）。木橋建於大正三年（一九一四年），「橋費」指的就是過橋費。

「白鬚」之名源於橋樑東邊墨田區的白鬚神社，這裡立有荷風的外祖父、儒學家鷲津毅堂的石碑，故讓荷風深愛著白鬚橋。《濹東綺譚》裡出現過，連在《斷腸亭日乘》昭和十二年（一九三七年）六月十五日也說道，前一晚登上吉原樓後，早晨走到白鬚橋，眺望隅田川：「七點左右下樓，天空多雲涼風拂面，在大門前搭上巴士往白髯橋。眺望早晨的川上景色。」

《濹東綺譚》在荷風過逝後的昭和三十五年（一九六〇年）拍成電影，由豐田四郎執導，山本富士子、芥川比呂志主演。開頭由歌舞伎演員中村芝鶴飾演的荷風，渡過白鬚橋前往向島的私娼街玉井。在白鬚橋拍攝外景的昭和三〇年代，這一帶區還餘留著《濹東綺譚》裡昭和十年的氛圍，讓人不禁驚嘆。

鮎川哲也的短篇推理小說〈暗海〉（一九六一年）中，女陶藝家殺死了一名知道自己過去秘密而刻意接近的男人，犯罪現場即位於白鬚橋下（台東區橋側）。她巧妙利用隅田川在夜晚滿潮時逆流而上，製造不在場的證明。

下町出身的作家早乙女勝元原著的《兩人的秘密之橋》（一九五八年，丸山誠治導演）

是一部讓人愛不釋手的青春小品。下町的情侶，在鐵工廠工作的年輕人（久保明）和在香皂工廠上班的女孩（水野久美）每天工作結束回家路上，都會在白鬚橋上相會，一起沿著隅田川散步。

有一次，女孩突然靈機一動：把橋柱的縫隙當成我倆的秘密郵筒吧！

「我們每天都在不同時段走過這座橋，你就把信放在這裡。」「不須貼郵票的信，只有我們倆才知道的信。」在電子郵件普及的時代，恐怕再也沒有這樣做的情侶了吧！

昭和二、三〇年代的白鬚橋上，有冰店、眼鏡行、包包髮飾店等整排的攤販，這也是古早時代的純樸風景。

荒川遊樂園

❖荒川區西尾久六丁目

有時獨自一人，有時和幾位朋友一起來這個天空寬闊，有著舒適小型遊樂設施的地方嬉戲。

——堀江敏幸《相約王子車站》

堅持描繪昭和初期東京風景的浪子畫家長谷川利行（一八九一～一九四〇年）曾於昭和三年（一九二八年）畫過一幅〈夏天的遊樂園〉的作品，畫裡有門、說明看板和紅色屋頂的事務所。

依矢野文夫寫的傳記《長谷川利行》（一九七四年）所述，這幅畫裡的公園是現在的荒川遊樂園，位於荒川區北邊、隅田川沿岸。這是二十三區內唯一的公立遊樂園。占地不大的園區有雲霄飛車、旋轉木馬，還有摩天輪，搭上它就能將附近隅田川和荒川的美麗水城風景一覽無遺。都電荒川線上有一站即是「荒川遊樂園前」。

依遊樂園的遊具製造商東洋娛樂機有限公司（一九三五年創業）的社史《摩天輪轉啊轉》（一九八一年）記載，這裡是創業於明治初期的王子磚頭公司的所在地，於大正時期不幸燒燬，後來在原址興建了遊樂園。出資的是都電荒川線的前身王子電氣軌道（簡稱「王電」），建於大正十一年（一九二二年）。

當時附近有尾久的三業地[註]，曾是熱鬧繁華街區。後來經營權由王電轉移給宗教團體，昭和十一年（一九三六年）則委託東洋娛樂機管理營運。《摩天輪轉啊轉》裡還寫道：「荒川遊樂園在公園很少的城北區裡可說是屈指可數的遊樂園，遊玩的客人很多。」

東洋娛樂機創業人山田貞一的理念為「遊樂園不能沒有水、天空和綠地」。沿著隅田川而建、蒼鬱濃蔭包圍下的荒川遊樂園，正是符合山田理念的完美地點。但後來戰爭態勢緊張，不久被迫關閉，二戰期間竟成了高射砲軍營。

戰後的昭和二十五年（一九五〇年）以荒川區區立遊樂園名義再次開放。大正十三年生於日暮里、在荒川區公所工作的木曾秋一在散文集《三河島》（一九九一年）裡寫道，

註：同時具有料理屋、藝伎屋、茶室三種業者的花街。

重新開園時，山田希望打造一個花團錦簇的遊樂園而委託了園藝專家種植花草：「築山整片斜坡和沿著護岸的三百公尺，整片花草一齊綻放，百花爭妍的花圃，成了遊客愛不釋手的風景。」

這裡也曾在現代作家的作品中登場：堀江敏幸《相約王子車站》（二〇〇一年）裡，住在都電荒川線沿線的年輕人「我」，在翻譯工作疲憊之餘，會騎著腳踏車來到荒川遊樂園，獨自搭上摩天輪：「第幾次來這裡了啊？」「有時獨自一人，有時和朋友一起來這個天空寬闊、有著舒適小型遊樂設施的地方嬉戲。」

比起大型遊樂園，「我」更喜歡這種小型的遊樂園，設有幼童也能安心遊玩的遊樂設施，且「氣氛輕鬆自在」。這裡可說是深受下町居民喜愛的遊樂園啊！

南千住

❖荒川區南千住

接下來我該去哪裡才好？還是步行至想去的地方吧！從三河島站乘坐往松戶的電車，下一站就是南千住。

——武田麟太郎〈喜歡的地方〉

常磐線行經荒川區南千住、和永井荷風大有淵緣的淨閑寺後方，往軌道堤防下的東北方走，有個回向院。這附近在江戶時代是小塚原刑場，也就是俗稱的江戶鬼門，回向院為供奉被處死的罪犯而興建的寺院。寺的對面就是南千住站，以前只有常磐線行經這一帶，後來又興建了地下鐵日比谷線（行駛於地上），近年又多了筑波快速電車車站。

鄰接南千住車站的是JR隅田川貨物車站，正式名稱為隅田川站。明治二十八年（一八九五年）開站的隅田川站，為了堆放常磐線運送的常磐媒炭而建造，為配合這建案，翌年興建了南千住站。換言之，這一區是先有貨物車站。

鄰近地區因隅田川的水運之便，工廠逐漸增加，進而吸引工廠的勞工遷移到周邊地區定居，昭和三〇年代以前，南千住可說是以勞工為主的街區。

江戶川亂步於昭和二十八年（一九五三年）發表的《畸形天女》中，說著日本橋的貿易公司社長到了夜晚喬裝成勞工、穿梭於東京暗巷的故事，這個熱愛喬裝的主人翁低調散步的地方即是南千住。

「他喜歡在千住雜亂無章的巷弄裡隨興漫步，不知不覺來到小工廠的外圍黑色波狀圍籬前莫名遼闊的空地。波狀隔板的另一端，是修剪整齊的矮樹，漆黑的平房散落各處。」這段文字可以嗅出「裏町」的寂寥模樣。「他」在這個偏僻街區上，遇見了散發出神秘吸引力的少女。對亂步來說，南千住是隱僻的鄉下。

昭和作家武田麟太郎昭和十四年（一九三九年）發表的短篇小說〈喜歡的地方〉中，讓人聯想到是作者自己的「我」，散步在夕陽時分的南千住：「接下來我該去哪裡才好？還是步行至想去的地方吧！從三河島站乘坐往松戶的電車，下一站就是南千住。」

這位《日本三文歌劇》的作者被南千住的陋巷吸引。戰前，地下鐵日比谷線還沒誕生，更不用提筑波快速電車了。行駛在堤防邊的常磐線和道路交匯處變成了高架，行駛在地上的貨車路線則成了平交道。

〈喜歡的地方〉中寫道：「平交道處貨物列車絡繹不絕、來來去去，長長的遮斷機放下後，久久無法通行。」被笑稱是不舉的平交道，現在興建了偌大的跨鐵道陸橋。

昭治三十二年（一九五七年）的電影，北条秀司原著，中村登導演的《豪雨》說著住在南千住平交道附近幽會旅館的女兒（岡田茉莉子）的故事。這部電影將開往隅田川貨物車站的火車和貨車、平交道、跨鐵道陸橋等……當時南千住站附近的樣子全都清楚地記錄下來，是喜愛下町人士的難忘佳作。

另外，同年公開的「警視廳物語」第七集《夜之野獸》（小澤茂弘導演）中，殺人犯潛逃到隅田川貨物車站裡。

後來，南千住車站周邊近年因成為都更地區，成了高樓公寓和購物中心聚集之地。

足立區

Adachi

堀切橋

❖足立區千住曙町

出車站後，眼前是洪水滾滾的荒川，周圍連一家店也沒有，荒涼寂寥，近處有一座木橋。

——芝木好子〈堀切橋〉

昭和四〇年代初，東京還餘留著巨大木橋，荒川疏洪道（後改名荒川）上的堀切橋就是其中之一，連結足立區千住曙町和葛飾區的堀切。以車站位置來說，位於東武伊勢崎線的堀切站和京成本線的堀切菖蒲園站之間。因為這座木造橋長達五百公尺，橋墩老舊呈彎曲起伏狀，看起來就像長崎宮日祭典中使用的舞龍造型。

昭和七年（一九三二年）永井荷風深受荒川疏洪道的寂寥風景吸引，曾數次在河堤水岸散步，在《斷腸亭日乘》昭和七年一月二十二日的日記裡甚至畫下了從堀切橋上望向疏洪道下游（遠方還真的看得見四座木橋）的素描。

此外，昭和十一年（一九三六年）在《中央公論》發表的知名隨筆〈疏洪道〉一文中也提到了堀切橋，他似乎對這座橋深有好感。依〈疏洪道〉所描述，欄杆上標註了「昭和六年九月」的字樣，應該是疏洪道竣工的同時，橋樑就架設好了吧！

昭和十四年（一九三九年）長谷健獲得上半年芥川獎的《淺草的孩子》裡，描寫了淺草的孩童秋天到荒川疏洪道遊玩的情節。從淺草搭東武電車，會先行經工廠區，過了鐘淵車站，接近荒川疏洪道時，「終於有了郊外的感覺」。

孩子們在鐘淵站的下一站堀切站下車，出了站後，眼前是流水滾滾的寬闊荒川疏洪道。其中一個小孩提議「到橋的哪一邊去吧」，大家一起渡橋，「橋很長」，大家在橋中央稍作休息，從欄杆望向河面。有蘆草的味道，其中一個女生說道，「好香喔」、「我很喜歡河的味道」。

對町裡的小孩來說，這是恰到好處的遠足行程。大正時期花了十餘年挖出來的人工疏洪道，感覺就像天然河川。

木造的橋很容易因火災及颱風而損壞，甚至發生過巴士墜落事件，而每次遭受某種程度的損壞時就得修繕。一直到昭和四十二年（一九六七年）現在的鐵橋完成之前，木橋一直存續了下來。

出生於淺草服裝店的作家芝木好子在昭和六十年（一九八五年）的《文學界》發表的短篇〈堀切橋〉裡，描寫了從木橋到鐵橋的變遷，暗喻一對男女感情愛情的移轉。女主角在新婚之初，和在堀切橋另一頭小鎮的診療所工作的丈夫走過這座橋：「出了（堀切）車站後，眼前是洪水滾滾的荒川，周圍連一家店也沒有，荒涼寂寥，近處有一座木橋。」雖是昭和四十年左右的事，當時的橋已經十分老舊，每次過橋就令人害怕。

年逾九十歲依然健朗的俳人鈴木真砂女曾歌詠過這樣的句子，創作於昭和三十八年（一九六三年）：「師走之月／渡木橋／往葛飾。」

「木橋」就是堀切橋吧，為了和誰見面而渡橋呢？

電影迷應該都知道堀切站在小津安二郎導演的《東京物語》（一九五三年）裡出現過。毗鄰車站的東京未來大學曾是人氣電視劇《金八老師》的舞台，足立區立第二中學所在地。二〇〇五年因少子化而廢校後，脫胎換骨改成了大學。

妖怪煙囪

❖足立區千住櫻木

有一次我搭上常磐線還是其他線，從車窗向外眺望時，眼前的四根突然變成三根，然後變成二根，最後變成一根，我打從心底感到詫異

——澀澤龍彥《記憶的遠近法》

昭和三〇年代之前，荒川（疏洪道）沿岸立著的四根煙囪一直是東京下町為人熟悉的地標，這俗稱「妖怪煙囪」的地方位於現今的足立區千住櫻木。

「東京電力」的前身東京電燈公司在大正十五年（一九二六年）建造的千住發電廠的四根煙囪，高達八十公尺。在周圍還沒有高樓建築的時代，十分顯眼，就像現在的東京晴空塔。四根煙囪以獨特的菱形排列，會因所處位置不同、看到的煙囪數量也會變不同，因此有了「妖怪煙囪」的名稱吧！

昭和三年（一九二八年）出生，孩童時期在北區瀧野川中里生活的法國文學家澀澤龍

彥在《記憶的遠近法》（一九七八年）裡，寫下對這煙囪的懷舊回憶。

他提及，住家位於田端的高崖上，從屋子裡俯望下町時，可以看到尾久車站的貨物操車場和町工廠，接著——「更遠方是波光粼粼的荒川疏洪道，可以清楚地看到冒出黑煙的妖怪煙囪……有一次我搭上常磐線還是其他線，從車窗向外眺望時，眼前的四根突然變成三根，然後變成二根，最後變成一根，我打從心底感到詫異。」

其實妖怪煙囪之名自戰前就有了。永井荷風的《斷腸亭日乘》昭和十五年十一月二十六日裡，記下了第一次看到這煙囪的事：「西新井橋南側的堤外有發電所，四根大大的煙囪聳立直入雲際。住在這附近的居民稱之為妖怪煙囪。」

這座下町地標傳遍全國應該是昭和二十八年（一九五三年）上映的電影《看得見煙囪的地方》引爆話題所致。上原謙和田中絹代飾演的庶民夫妻就住在荒川岸邊。其原著為戰後派作家椎名麟三的《天真無邪的人們》，夫妻原本住在世田谷區，改拍電影時因考量畫面趣意，而選擇了看得見煙囪的足立區的千住為舞台。從夫妻倆住的房子看出去，三根煙囪聳立。有一次田中絹代到別的街區買東西時，只看到一根煙囪而大吃一驚。回到家再次確認窗外風景，看到三根煙囪才放了心。

現在煙囪如果不斷冒著煙肯定被視為公害，但在戰後復興期，煙囪的黑煙卻是復甦的活力象徵。

吉永小百合少女時代的電影《隨時做夢》（一九八八年，野村孝導演）裡，就讀荒川畔的夜間高中的女學生松原智惠子有一句台詞，「一看到煙囪就讓人很有精神」。從煙囪裡冒出猛烈的煙鼓舞著半工半讀的孩子們。

這四根煙囪也在東京奧運的昭和三十九年（一九六四年）因老舊而拆除。原有地成了後來帝京科學大學千住校園，煙囪的一部分現在仍保留著，立著紀念碑。

從西新井橋拍到千住發電廠，立有四根煙囪，十分顯眼。
（攝於1962年．東京都提供）

葛飾區

Katsushika

柴又

❖葛飾區柴又

兩人來到柴又的帝釋天附近，進入名為川甚的店家用餐。

——夏目漱石《彼岸過迄》

「說到我的故鄉，在東京的葛飾、柴又、江戶川畔。」各位應該都知道，這是山田洋次導演的「男人真命苦」系列裡，渥美清主演的寅次郎的經典台詞，他說的江戶川是一條流經東京都和千葉縣邊界的河流。「男人真命苦」裡，江戶川畔的柴又給人下町的氛圍，但其實位置在東京邊陲，算不上下町。以老派的說法，「都市近郊的鄉下」較為貼切。

柴又有帝釋天和河魚料理店「川甚」，明治時期開始變成東京近郊的旅遊勝地。夏目漱石的《彼岸過迄》（一九一二年）中：「兩人來到柴又的帝釋天附近，進入名為川甚的店家用餐。」主人翁敬太郎某個星期日和朋友一起外出到柴又遊樂。在江戶川河堤散步，參拜帝釋天，在川甚吃飯，是標準的一日遊行程。

進入昭和時期後這行程安排依然不變。林芙美子的戰後傑作短篇〈晚菊〉（一九四八年）中，原本是藝伎的主人翁和以前的男人再度相會時，他說了這句話：「我們曾一起去柴又的川甚對吧？」她聽到這句話，想起以前也曾和別的男人一起去過柴又，「晚夏溽暑的江戶川岸邊的川甚，屋裡微暗的景色浮現。」

川甚至今仍在營業。《男人真命苦》第一集（一九六九年）裡，寅次郎的妹妹櫻花（倍賞千惠子）和在印刷廠工作的阿博（前田吟）在這裡舉行婚宴。

北原白秋在大正五年（一九一六年）離開喧囂的市區，移居到江戶川沿岸的小岩約一年，小岩在現在的北小岩八丁目。和妻子兩人住在收割江戶川畔的雜草、綑綁做成軍馬飼料的乾草商的小屋子裡，住處命名為紫烟草舍，過著清貧生活。當時還是整片的田園風景，住家離江戶川很近，爬上河堤可以看到滾滾流淌的流水，一望無際的廣袤蘆葦之原，河上有蒸氣船運行。白秋在江戶川沿岸安適自得地生活著。

谷崎潤一郎曾寫過一篇〈和詩人告別〉的短篇贈送白秋。描寫了谷崎和好友吉井勇、長田秀雄三人一起造訪移居到江戶川畔的白秋。三人賞完江戶川的櫻花後，來到小岩的白秋家，之後又偕同白秋到柴又的川甚。谷崎對不同於己、移居到鄉下過著寧靜安穩生活的白秋產生了欣羨之情，十分敬佩。

說到江戶川就讓人聯想到知名的三座取水塔。像高帽子的第二取水塔（一九四一年竣工）和稻草帽的第三取水塔（一九六四九年竣工），還有現在已經不存在的第一取水塔。三者將江戶川的河水引入金町淨水場。

已經不存在的第一取水塔曾出現在電影中，昭和九年（一九三四年）的島津保次郎導演的佳作《鄰居小八重》。住在池上線沿線郊區住宅的大學生大日方傳，和比他年長的女性岡田嘉子，兩人來到江戶川岸邊一日遊。他們坐在河堤的草坪上，可以清楚地看到對岸高聳的第一取水塔。

大正末期出生於金町的水澤研寫的回憶錄《淡褐色的葛飾金町》（二〇〇二年）裡，圖文並茂，完美拍下當時的取水塔。水澤談到小時候到江戶川畔曾目睹《鄰居小八重》的外景拍攝小組。

水元公園

❖葛飾區水元公園

菖蒲盛開之時的葛飾真是美不勝收，田園被枝葉染綠，雲雀爭鳴。

——芝木好子《葛飾之女》

這裡真的是東京嗎？竟如此地蒼鬱濃綠、豐饒水潤，宛如置身廣袤的田園般神情舒暢。春天的櫻花，初夏菖蒲花團錦簇特別吸睛，還有為數眾多的野鳥。

葛飾區北邊延伸而去的水元公園是都內最大的公園，原本江戶川和中川之間的濕地，在昭和四十年（一九六五年）被整頓為公園，保留了原有的水鄉風貌，甚至餘留著江戶時代的戲水池。公園剛好在東京都和千葉縣（松戶市）、埼玉縣（三鄉市）的縣界，在東京的東北邊陲地區竟然還留下如此豐饒的水岸風景，真令人感動。

從這裡順著江戶川往下游走去，就是山田洋次導演「男人真命苦」系列中，由名演員渥美清飾演的寅次郎的故鄉葛飾柴又。所以第一集《男人真命苦》（一九六九年）中一開頭阿寅的旁白：「櫻花開了，令人懷念的葛飾櫻花今年也綻放著。」搭配水元公園的櫻花一起登場。而且阿寅還邀約了愛慕已久的帝釋天的千金小姐（光本幸子）一起到水元公園的水池划船，當然後來愛的告白以失敗收場。

說到公園的地標「小合溜」，「溜」字之意就如字面「留住水」所示，指積水而成的水池，昭和三〇年代中期之前，附近是一整片水田，池塘也用在農業灌溉，是東京近郊的鄉下地區。

公園正面入口附近有文學紀念碑，紀念大正三年（一九一四年）出生於淺草、以下町為舞台寫出許多膾炙人口作品的芝木好子。她以水元為舞台的《葛飾之女》，書寫明治日本女畫家的悲戀物語的其中一節，被刻在黑色花崗岩上。

「菖蒲盛開之時的葛飾真是美不勝收，田園被枝葉染綠，雲雀爭鳴。河堤的櫻花在花季時人山人海，再過一陣子就是眺望垂柳倒影的季節。因大片沼澤的地理環境，田畦也開滿了菖蒲。」

《葛飾之女》中，嫁到傳統世家的女性對抗封建社會舊習，在日本畫的世界裡找到希望，後來單戀起老師。結果這違背社會禁忌的思慕之情，讓女主人翁跳水自殺結束性命。

芝木好子創作時一度煩惱要讓主人翁在那裡投河自盡。有一次剛好透過熱情的帝釋天住持的介紹，來到江戶川邊散步，夕陽西下，她站在水元的水鄉河畔，眼前豐沛的水景深深吸引著她，直覺這裡就是她想寫的地方……小說的發展瞬間清晰浮現。

水元公園往西走，就會來到水元小學，其中一隅曾是校舍之處後來設立了葛飾區教育資料館。

這裡還發生過一件心痛的意外。一般認定東京空襲日漸激烈始於昭和十九年（一九四四年）美國空襲塞班島，但其實最早的空襲是昭和十七年四月十八日。當時，炸燀不只被投在葛飾的金町，水元小學（當時為國民學校）還被用機關槍掃射，其中一位少年石出巳之助因而犧牲性命……美麗的水鄉附近竟曾發生過如此慘烈的悲劇。

立石

❖葛飾區立石

這裡沒有什麼有錢人，幾乎都是租屋族，以及認為呼朋引伴聚集談笑就是幸福的證明

——半村良《葛飾物語》

立石位於葛飾區市中心，是區公所所在地，有京成電車經過。京成立石車站附近有規模不小的庶民商店街區，也有很多親民的居酒屋。街道還留著些許昭和三〇年代的氛圍，或許是因為京成電車沒有高架化，商店街上大多是個人經營的小商店的關係吧！

葛飾區的成立始於關東大地震後的昭和七年（一九三二年）。隅田川沿岸的下町在地震時受災嚴重幾乎全毀，葛飾一帶當時住家還很少，受災程度相對較輕。本所及深川等下町的人開始移居到葛飾，人口因而逐漸增加。

半村良的小說《葛飾物語》（一九九六年）描寫當時從下町移居到葛飾立石一帶的市

井小民，男人多在附近的工廠工作，「期望葛飾成為孩子們的故鄉，他們互相幫忙、勉勵、安慰，然後一起努力。這裡沒有什麼有錢人，幾乎都是租屋族，以及認為呼朋引伴聚集談笑就是幸福的證明」的人們。

渡過荒川（當時稱為荒川疏洪道）後，這塊東邊的新興下町漸漸成形。永井荷風的戰後短篇小說〈老人〉是以戰前隱居在立石的老人為主人翁，以立石的生活為舞台。「（老人）在七七事變爆發時，因已年居六十，遂搬到葛飾區立石町隱居，讓妻子賣釣具等雜貨，自己則在後面的田地栽種花草和蔬菜，或到附近的中川和江戶川釣魚，度過怡然自得的老年生活。」新下町還存留著純樸的田園風景。

漫畫家柘植義春於昭和十二年（一九三七年）生於葛飾區，戰後在立石長大，回想當時的街區：「（立石）是個凌亂混雜的地區，站前周邊也因（空襲）幾乎被燒燬。被燒燬的地區從站前到大街後來形成約二百公尺的黑市。」（出自《柘植義春：漫畫術》，一九九三年）

京成立石車站北側的美食街現今依然保留著些許戰後的黑市氛圍，昭和二〇年代北口還有特別的風化區，以及現在已經沒人懂的「血液銀行」。五木寬之在青春回憶的散文《風吹拂上身》裡寫道：「（沒有錢）實在束手無策時，我經常搭乘京成電車，到青砥或是立石附近的藥廠賣血應急。」

當時立石的血液銀行的真實樣貌，就像昭和三〇年代的東映人氣系列「警視廳物語」裡第二十三集的《自供》（一九六四年，小西通雄導演）裡的樣子，很珍貴的紀錄。

京成立石車站往東走約十分鐘就是中川，架設在河川上的木奧戶橋頭，由當地有識人士立起了說明碑，上面寫著永井荷風《斷腸亭日乘》昭和十七年（一九四二年）六月四日記載的內容。這一天荷風來到立石散步，從本奧戶橋眺望著河面：「雨中的奧戶橋，宛如一幅美麗的風景畫。」

東京看守所

❖葛飾區小菅一丁目

混凝土牆高高地聳立，監獄舍房堂皇地張開羽翼般地呈十字形延展出去，十字的中心點突兀地豎立著比大工廠煙囪還高的凹凸看守塔。

——坂口安吾《日本文化私觀》

從淺草發車的東武伊勢崎線出了北千住後，越過荒川，抵達小菅站，車站前方即是日本最大的東京看守所。看守所進入平成後變成十二樓高的嶄新建築，乍看宛如華廈公寓，而以前是沿著荒川而蓋的十字型建築物，建於昭和四年（一九二九年），被稱為「小菅看守所」或「小菅監獄」，或略稱為「小菅」。

昭和八年生於葛飾古書店的散文作家青木正美的回憶錄《場末之子：東京・葛飾一九三三～一九四九年》（二〇〇九年）中，記錄了孩提時期的少年青木從堀切的自家到東京看守所出遊的回憶。

為什麼小孩會去看守所遊玩呢？據他描述是因為建築像一座時髦的西洋古城：「走在（荒川）堤防下的道路約一公里處，右手邊即是小菅監獄。紅磚道直通建築物入口，水泥建築的高塔有好幾座，就像古老童話裡會出現的西洋城堡。」

「西洋城堡」很像小孩子的童趣觀點，對於知道這棟建築的大人來說，只不過是煞風景又給人壓迫感的監獄罷了。不過，有一位文學家特別對這棟建築物稱讚有加，那就是坂口安吾。

昭和十八年（一九四三年）出版的名著《日本文化私觀》裡，當時來日的德籍猶太裔建築師布魯諾・陶特對日本古老的建築如法隆寺或桂離宮等讚不絕口，但個性彆扭的安吾偏要宣稱比起那些偉大的建築物，自始就以追求美為目標的小菅監獄更美麗。

「混凝土牆高高地聳立，監獄舍房堂皇地張開羽翼般地呈十字形延展出去，十字的中心點突兀地豎立著比大工廠煙囪還高的凹凸看守塔。」安吾稱讚這棟建築物的原因正是它完全沒有任何「華麗裝飾」，反而「被它的不尋常所吸引」。

吸引安吾的這棟建築物已經不存在，但早期的電影裡可以看到為數不少的鏡頭。舉例來說，木下惠介導演昭和二十四年（一九四九年）的作品《小姐乾杯！》裡，原節子飾演的沒落名門的千金小姐和經營汽車工廠的有為青年佐野周二相親。

她的父親因為不知人心險惡，被當成詐欺犯而收押進小菅監獄。原節子向佐野周二坦承一切，兩人一起到父親被收押的東京看守所探望。看到看守所的灰色高牆，佐野周二領悟到大小姐原節子的堅決，萌生保護她的念頭而決定與她結婚……看守所竟締造了這一段良緣。

木造四木橋

❖葛飾區東四木三丁目、墨田區八廣六丁目

不論毗鄰架設的鋼筋橋是多麼的堅實，嶄新美麗，
我還是喜歡你。

——小針美男〈老橋〉

開往葛飾的京成電車在駛過荒川上的鐵橋時，左側可看見兩座橋。先是新四木橋，昭和四十八年（一九七三年）完工，這座橋是馬路的延伸，毫無新鮮感。再上游一點的四木橋是昭和二十七年（一九五二年）架的橋，橋身中間呈拱型，比較像橋樑的樣子。

四木橋的橋頭保留著興建時的紀念碑，碑文記下了「戰後最大規模的建橋工程」。四木橋的橋名來自過橋後的東邊是葛飾區的四木。西側是墨田區，以京成電車的角度來看，東邊是四木車站，西邊是八廣車站（以前的站名是荒川站）。

事實上，在昭和四〇年代以前還有另一座四木橋，其位置與現在的不同——面對京

成電車的葛飾時，這座木橋位在右側荒川下游，於大正十一年（一九二二年）架設。高峰秀子童星時代的電影《作文教室》（山本嘉次郎導演，尚年輕的黑澤明是助理導演，一九三八年）改編自當時住在葛飾區四木的小學生豐田正子（貧困的鍍錫職人的小孩）寫的暢銷作文集。

這部名作片頭為京成電車駛在荒川鐵橋上，鏡頭拍進了下游的木造四木橋。汽車行駛在木橋上，從現在的觀點來看，不免憂心：難道不危險嗎？四木橋再過去不遠處，可以看到形狀優美的鋼鐵桁架橋，這是早已消失的水道橋（鋪設鐵製水管）。

深愛著東京下町的永井荷風在戰前散步於荒川（當時被稱為荒川疏洪道）時，曾注意過這座木造的四木橋。《斷腸亭日乘》昭和十一年（一九三六年）四月四日，這一天荷風搭乘京成電車到金町，歸程時搭上「往四木的共乘汽車」，再到「疏洪道堤防下的四木橋側」換車，回到淺草……比《作文教室》還早兩年。

因為是木橋，想必已經嚴重老朽，不過即便老朽依然滿溢風情吧！豐田正子的另一篇作文〈黏土面具〉也改拍成電影，昭和三十六年（一九六一年）公開，由中川信夫導演的《母親》也拍進了這座老舊四木橋。住在荒川西邊的貧困鍍錫職人一家最後越過四木橋，連夜逃往東邊的四木，教人不禁紅了眼眶。

出生於向島，倍受敬愛的畫家小針美男的《東京文學畫帖》（一九七八年）裡，留下了木橋時代的四木橋畫作。小針先生深愛著這老舊木橋，在新的四木橋建造完成時，寫下了名句：「不論毗鄰架設的鋼筋橋多麼堅實，嶄新美麗，我還是喜歡你。」（出自〈老橋〉）

舊四木橋於昭和四十四年（一九六九年）被拆除。

墨田區

Sumida

兩國車站

❖墨田區橫綱一丁目

兩國站被一群盛夏裝扮出遊的人擠爆，剪票口前熱鬧得幾乎要把車站掀了。

——石井桃子《夢幻紅果實》

距離國技館最近的總武線的兩國車站於明治三十七年（一九〇四年）開站，這個有歷史的老車站，當時是私鐵總武鐵道的車站。

第一代車站因關東大地震而燒燬，現在的車站是鐵道省時代昭和四年（一九二九年）建造的。兩層樓的混凝土結構，剪票口大廳天井挑高寬敞，因為鄰近國技館，大廳裝飾了知名力士的相片。

這個車站建築在都內ＪＲ車站當中算舊的，入選「關東車站百選」。原本站名是兩國橋，昭和六年改為兩國車站。兩國車站曾經是通往房總地區的玄關口，也是總武本線總站。東京的人每年夏天要去房總海邊避暑或旅遊時，一定得到兩國車站搭火車。

石井桃子的長篇作品《夢幻紅果實》（一九九四年），描寫了戰前的昭和初期自立自強的女性間的友情。小說裡在東京工作的兩位年輕女性在夏天一起前往外房總的海邊時，就是從兩國車站出發。「兩國站擠滿一群盛夏裝扮出遊的人，剪票口前熱鬧得幾乎要把車站掀了。」可以看出當時的兩國車站正是前往房總的樞紐，總是人潮洶湧。

昭和五年生於東京的文藝評論家高橋英夫《時空蒼茫》（二〇〇五年）中，寫下了孩童時期夏天到房總的回憶：「東京的小孩們一到夏天，總是會花兩、三天甚至一週至一個月，到海邊或山上遊玩，在鄉下過暑假很平常。」原來高橋也去了房總海邊。

從兩國車站出發的火車有房總東線（現在的外房線）和房總西線（內房線），因此兩國車站總讓孩子們興奮期待，是通往幸福國度的入口，也是重要的出遊景點。

後來因為昭和四十七年（一九七二年）總武本線改至東京車站進出、不再經過兩國後，車站人潮漸漸減少而變得冷清。

半村良以兩國車站附近的小偵探事務所為舞台的推理系列《下町偵探局》（一九八四年），記錄了兩國車站日漸沒落的寂寥景況。兩國車站分成三部分：一是總武線車站，另一是往房總海邊的總武本線車站，第三是貨物線車站。目前僅總武線留存，其他已消失無蹤。結果，「兩國車站靠近隅田川一帶變得冷清寂寥，到了夜晚更是惆悵慘澹。」

後來江戶東京博物館開館，總算恢復些許以往的熱鬧景況。但總武本線撤站的影響甚大，難以和往日相比。不過也多虧了博物館，得以保留住昭和四年建造的車站建築。

坂本九主演的青春電影《仰望星空》（一九六三年，番匠義彰導演）中，下町的夜校高中生坂本九和女性友人榊廣美假日約在兩國車站見面，看起來這裡還曾經是下町情侶約會碰面的好地點。

鳩之街

❖墨田區東向島等地

西洋風的房子入口垂掛著粉紅色布簾，嘴唇和指甲
火紅的幾位女人佇在屋前。
——吉行淳之介《原色之街》

抬頭即可看見晴空塔的墨田區東向島一丁目有一條名為「鳩之街」的路，兩側盡是小店的庶民商店街。戰後曾是風化區，也就是所謂的特殊飲食街。在這街區出生長大的女演員木之實奈奈曾在自傳《下町的秀場女孩》（一九八六年）裡寫道：

「我出生在東京下町，隅田川流經的向島鳩之街。鳩之街就是現在的紅燈區、娼婦街……夕陽正要沉入大海時，紅綠紫的霓虹燈亮起，茶色頭髮配上大紅唇，露出肌膚的姊姊為夜晚的街道注入了活力。」

這裡是永井荷風的名著《濹東綺譚》的舞台，是向島的私娼之町玉井於昭和二十年

（一九四五年）三月十日東京大空襲中被燒燬後建造的街區。玉井的業者遷移到這個奇蹟似逃過空襲的地方，戰後迅速發展。

荷風自昭和二十三年起時常造訪這一帶。《斷腸亭日乘》同年一月十日，他將從白鬚神社經由地藏坂下來到這裡散步的事寫在日記裡：「我從地藏坂下走到秋葉神社前的橫町，玉井的娼家多遷移至此。」因為是玉井遷移過來而形成的街區，所以也被稱為「新玉井」。

昭和三十年（一九五五年）的《春情鳩之街，候鳥何時歸》（久松靜兒導演）電影，是荷風戰後三部曲——短篇小說〈飯糰〉加上另二部戲劇《春情鳩之街》、《候鳥何時歸》組合而成。描寫在鳩之街生活的女性（田中絹代、淡路惠子、桂本洋子、久慈朝美、高峰秀子）的故事，其中鳩之街為搭棚拍攝，重現了狹窄通路上，一間間妓女戶鋪有磁磚的入口和拼貼彩繪窗的街區模樣。

以《肉體之門》為人熟知的田村泰次郎的短篇小說〈鳩之街草話〉（一九四七年）也是以這裡為舞台，戰後歷劫歸來無法維持生計的男人把妻子賣到鳩之街，即便如此卻沒有戰前花街的黑暗氣氛，妓女戶老闆娘說：「沒什麼好擔心的，現在是民主時代了，和以前不一樣，很自由的。」這妻子最後也積極在拉客。

吉行淳之介的《原色之街》（一九五六年）中，雖然沒有指明地點，但看得出是以鳩之街為舞台。由「西洋風的房子入口垂掛著粉紅色布簾，嘴唇和指甲火紅的幾位女人佇在屋前」的描寫就能得知。

不少作家造訪這街區，當中令人意外的是齋藤茂吉，和因《濹東綺譚》的插畫而成名的洋畫家木村莊八在昭和二十二年（一九四七年）十二月一起走在鳩之街，這件事被寫進《灰椋鳥印象記》，也被視為戰後復興的象徵之一。

小津安二郎導演作品的熟面孔齋藤達雄自導自演的家庭劇《出嫁之夜》（一九五三年）裡，出現了鳩之街裡罕見的商店水龜屋。

薪水很少的上班族齋藤達雄在女兒島崎雪子結婚之前被公司開除。沒辦法只好透過朋友（坂本武）幫忙，開始賣起水龜。寒冷冬日，兩人推著堆滿水龜的攤車走在鳩之街上。女孩們叫著「叔叔，給我水龜」，很有趣的生意。

鳩之街至今仍未改名。野口富士男的知名散文《我的東京》（一九七八年）裡對保留町名的舉動感到認同：「只有這街區依然維持舊日風貌，理所當然地延續著『鳩之街商榮會』之名，值得讚許！」

江東樂天地

❖墨田區江東橋四丁目

電影院、現場表演的旗幟、三三兩兩的往來行人、足履木屐的勞工、二流樂團演奏的探戈曲……悄悄走下可聽到這些聲音片斷的地下舞廳。

——戶川昌子《獵人日記》

在電影為主要娛樂的昭和二〇年代、三〇年代，說到錦糸町，不由得讓人聯想到曾經風靡一時的「江東樂天地」。在總武線錦糸町車站南口，這個名為江東樂天地的娛樂場所，館內主要有兩間電影院（兼劇院）：本所電影館和江東劇場，是下町的熱鬧繁華地。兩間電影院剛好像雙子大樓左右併列，在高樓還不多的時代，格外引人注目。

江東樂天地公司現已更名為東京樂天地。據《東京樂天地五十年史》（一九八七年）的社史所述，江東樂天地創業於七七事變發生的昭和十二年（一九三七年）。當時在日比谷興建電影街大為成功的東寶社長，也是大企業家的小林一三是催生之父。

在淺草是下町繁華街區的時代，於淺草東邊的錦糸町建造娛樂設施，而且那還是戰爭剛開打、充滿軍事色彩的時代，這項江東樂天地的建設算是一場大冒險。結果它成了另一個淺草，為下町的庶民增添了一個新的娛樂據點。

高見順於昭和三十年（一九五五年）出版的《都會夜色》描寫主人翁的「我」在東京各地遊走，這讓人聯想到是作者親身經歷，是一本有趣的小說。「我」有時會到江東樂天地，回想戰前的熱鬧景況。

開業當時，「我」時常到這裡。「我」的情人，身為淺草舞者的她因和「我」相戀而在淺草無容身之處，轉而來到江東樂天地的秀場表演。「（這就是）我時常到樂天地的原因。」可以得知江東樂天地已成了另一個淺草。

昭和二十年（一九四五年）三月十日的東京大空襲，下町遭受嚴重的毀損，本所電影館奇蹟地倖免於難，江東劇場僅內部燒燬，故戰後得以迅速重新出發。重新開幕的寶塚公演和美國電影《小婦人》（*Little Women*，一九四九年）的上映可說盛況空前。以電影院為主體，還設有食堂、遊樂園、溫泉等，在昭和三〇年代，江東樂天地一時間成了錦糸町的代名詞。

昭和三十八年（一九六三年）出版的暢銷書、戶川昌子的推理小說《獵人日記》，描述優秀工程師的主人翁到了夜晚神秘地來到東京繁華街區物色女性的故事。他某晚來到江東樂天地：「他在錦糸町歸還公司用車，一個人走在江東樂天地。電影院、現場表演的旗幟、三三兩兩的往來行人、足履木屐的勞工、二流樂團演奏的探戈曲……悄悄走下可聽到這些聲音片斷的地下舞廳。」看得出來，這裡是東京東邊的繁榮街區。

我還是小學生的昭和三十年前後，這裡變成孩童的遊樂園和運動場。在孩童之間成了熱門話題，但我卻沒機會搭到這裡的纜車，當時在東京是很罕見的遊樂設施。樂天地在一九八六年變成了九層樓高的樂天地大樓。

江東區

Koto

萬年橋

❖江東區常盤、清澄

「小名川的萬年橋上，你從深川來，我從家裡去。我們就在橋上見面吧！」

——藤澤周平《橋物語》

江東區是「水城東京」的中心，現在依然有小名木川、仙台堀川、横十間川、大横川、北十間川等河川（運河）流經。其中又以小名木川最具代表，流經江東區北邊，連接隅田川和舊中川，全長約五公里。德川家康的江戶幕府剛執政時，開鑿運輸房總物資的水路，尤以運送千葉縣行德的鹽為主，是為「鹽道」。四百年前開鑿的運河現在依然健在，在急遽變化的東京，令人欣慰。

萬年橋就架設在小名木川與隅田川河口，於江戶時代初期建造，也是江東區裡最古老的橋。後來被葛飾北齋畫進〈富嶽三十六景〉中的〈深川萬年橋下〉，當時的橋當然是木橋。北齋的畫裡，有著像彩虹形狀的太鼓橋橋下可以看到遠方的富士山，是江戶名景之一。

安藤廣重〈名所江戶百景〉裡的〈深川萬年橋〉也廣為人知，畫中有一隻巨龜被吊在欄杆上。據傳言，當時會將捕獲的龜放生，因而橋上會販賣放生用的烏龜，而烏龜長壽也和「萬年」脫不了關係。

藤澤周平有部以隅田川和周邊河川上架設的橋為舞台的著名短篇集《橋物語》（一九八〇年），其中讓人每讀必流淚的一篇〈約定〉裡，一對在本所長大互有好感的青梅竹馬，各因奉公而到外地，只能相約五年後再見。「在哪裡見面呢？」對於女生提出的問題，男生回答：「小名川的萬年橋上，你從深川來，我從家裡去。我們就在橋上見面吧！」

兩人之間的秘密約定，成為支持彼此度過辛苦奉公生活的主要力量。結局是過了五年，兩人終於如願在萬年橋上相會，令人泫然欲泣。江戶下町的橋上肯定有過許多類似的感人故事吧！

小名木川在和隅田川及中川匯流後的河段成為釣客聚集的地點。喜愛釣魚的文豪幸田露伴在散文〈雨天釣魚〉（一九〇六年）裡，描寫了從向島的自家乘船往隅田川下游，從小名木川到中川去釣魚的情景。「天空下著小雨，從萬年橋前往小名木川，經過十分寂寥的隱亡堀與中川，沿著海岸往東行。」

現今的萬年橋是地震後的昭和五年（一九三〇年）重新建造的鋼鐵桁架橋，蓋得很美，橋樑對面可以眺望隅田川上最美麗的清洲橋。

二〇〇八年上映，東野圭吾原著，西谷弘導演的《嫌疑犯X的獻身》裡，飾演天才數學家的堤真一就住在萬年橋頭下方的公寓。早晨出門前往任教的高中，會先經過萬年橋，再走過清洲橋，通往濱町。每天能走過東京最美的兩座橋，真是太幸福了。

葛西橋

❖江東區東砂六丁目等地

周圍變得昏暗結果無法走到橋頭，只能戴起老花眼鏡，借欄杆的燈光，才能看清楚「葛西橋」三個字。

——永井荷風《斷腸亭日乘》昭和六年十二月二日

荒川疏洪道（現在改稱荒川）最下游，靠近東京灣有一座葛西橋，連結江東區和江戶川（現在的橋是昭和三十八年改建的）。橋樑建於荒川疏洪道開通後的昭和三年（一九二八年），當時和上游的四木橋及堀切橋一樣都是木橋。

深愛著這座葛西橋的永井荷風在下町散步時經常走訪這一帶，按《斷腸亭日乘》的描寫，第一次看到葛西橋是昭和六年十二月二日的黃昏：「周圍變得昏暗結果無法走到橋頭，只能戴起老花眼鏡，借欄杆的燈光，才能看清楚『葛西橋』三個字。」

在看不到什麼人影的荒涼疏洪道上架設的木造長橋深深吸引著荷風，之後就經常來到這裡，眺望木橋或從橋上望著疏洪道流水，或坐在橋附近的堤岸讀著書。想必荷風很中意這個地方吧！昭和九年一月十六日外出時，甚至畫了橋的素描，夾在日記裡。

從江東區眺望葛西橋的風景中，橋頭有兩間掛著草簾的茶屋，張貼著「煎餅」、「麵包」、「壽司」的紙樣，應該主要賣給過橋的往來人群吧！

荷風戰後發表的短篇小說〈飯糰〉（一九四七年）裡，葛西橋登場了！三月十日的東京大空襲夜晚，在深川經營雜貨屋的男人和在平井經營洗衣店的老闆娘，各自逃到疏洪道，剛好來到葛西橋的附近。河堤倏地飛來一團鬼火，兩人只好逃到「葛西橋下，一起吃著避難時的救急飯糰」。之後兩人偶然再會，他們本來都因空襲而失去了另一半，戰爭結束後結為夫妻，葛西橋成為這段姻緣的紅線之橋。

久松靜兒導演於昭和三十年（一九五五年）製作的東寶電影《候鳥何時歸》，以荷風戰後的短篇小說〈春情鳩之街〉、〈候鳥何時歸〉，加上〈飯糰〉為原案（久保田萬太郎構思整合）。因為是荷風生前的電影，他便參加了試映會。

這部電影中仍是木造的葛西橋，織田政雄飾演的雜貨屋老闆和水戶光子飾演的洗衣店老闆娘在戰爭結束後，於橋頭邊的草坪上再度相逢。這部電影後來發行DVD，在葛西橋拍的外景，鏡頭下木橋模樣清晰可見。昭和三〇年代初期，周圍幾乎沒有建築物，可以看到荒川疏洪道流經田園的自然水景，現在成為珍貴的已逝風景。

岡本加乃子於昭和十一年（一九三六年）發表的中篇小說〈渾沌未分〉裡，描寫在荒川疏洪道下游經營游泳池的父女，主人翁少女擅長游泳。

父女原本在隅田川邊經營游泳池，但後來往東遷居至葛西橋附近，泳池邊是荒川疏洪道，下游處已成了大河。故事最後，少女從葛西橋橋頭跳入水裡，划過水面全力游向大海，橋的另一邊即是浩瀚無際的東京灣。

我一人經過寒冷的砂町銀座。

——石田波鄉

砂町銀座

❖江東區北砂

江東區的砂町銀座為下町中具有代表性的繁華商店街，深獲大眾喜愛。約六百七十公尺的商店街上容納一百八十幾間商店，大部分是個人商店，其熱絡宛如參拜日。各類熟食店家應有盡有是一大特色，想必顧客以職業婦女為主吧！七夕祭也很有名。這一帶於戰後不久的昭和二十二年（一九四七年）興起。

今村昌平導演的《日本昆蟲記》（一九六三年）中，從下北半島的窮鄉僻壤來到東京的左幸子，一開始當娼妓，後來成為賣春旅舍的老闆娘，後來和女兒吉村實子一起散步在砂町銀座。電影的時代背景是高度經濟成長期，商店街正值全盛期，購物客人喧嘩熱鬧，母女倆愉快地逛著商店街。

砂町銀座之命名始於東京市區改制時，城東區誕生的昭和七年（一九三二年）。之後經過四十年的歲月，昭和四十七年由商店街編纂的《砂町銀座史》中寫道，砂町（舊名砂村）原本是江戶近郊的農村，到了明治中期漸漸蓋起工廠，接著商店一間一間出現，進入昭和後急遽發展成目前熱鬧的樣貌。

當時附近有砂町火葬場，故被稱為火葬街。電影導演小津安二郎出生於深川，昭和九年父親過世時，就是在砂町荼毗所火葬場火化的。小津安二郎戰前的《東京之宿》（一九三五年）中，求職的坂本武到工廠林立的新開發地砂町附近閒晃（但外景是在川崎拍的）。

同樣在昭和初期，時常到砂町散步的還有永井荷風。關東大地震後，砂町漸漸成為工廠區，其新興開發地的寂寥風景似乎深深吸引著荷風，曾多次走訪砂町。他也注意到位於小鎮邊陲的砂町火葬場，《斷腸亭日乘》昭和七年三月十八日裡甚至附上了「砂村荼毗所」的素描畫。

他在江東區散步之餘，似乎對砂町懷抱好感。昭和十年（一九三五年）的隨筆〈深川散步〉最後還如此收尾：「砂町同樣是位於深川邊陲的寂寥小鎮，剛好是我喜歡的荻草蘆葦之地，是尋求獨處的最佳去處。有時間的話，我想好好書寫砂町紀行。」

不可不提的是，砂町銀座在昭和二十年三月十日的東京大空襲中燒燬。《砂町銀座史》寫道，戰後只剩下二十五、六間商店，他們搭起帳篷重新起步。因為地勢較低，颱風一來就積水，甚至有了讓人蹙眉的暱稱「長靴銀座」。

砂町銀座後來終於逐漸復甦，戰後深川區和城東區合併成江東區。長居砂町的俳人石田波鄉經常到砂町銀座散步，作了這首：「我一人經過寒冷的砂町銀座。」波鄉創作出讓庶民感同身受的俳句，深愛著這個物美價廉，充滿庶民氛圍的商店街。

為了回應波鄉的深切之情，現在砂町銀座的砂町文化中心裡設置了石田波鄉紀念館。

高橋

❖江東區森下等地

這裡在戰爭結束後變成供勞動者居住的便宜乾淨旅館，持續營業著。

——宮部美幸《理由》

東西向流經江東區的小名木川西側，近隅田川處有一座「高橋」，這裡「橋」字唸成「ばし」，有濁音。這座橋附近到猿江一帶至昭和三〇年代以前有很多給勞工住的木造租賃房屋及簡易旅館，被稱為「高橋住宿街」。其實這一帶很早以前就誕生了許多旅館，成為從事小名木川船運的勞工們的最佳住宿。

宮部美幸的傑作《理由》（一九九八年）從這條「高橋住宿街」發展出故事。高橋二丁目的簡易旅館「片倉屋」家的國中少女到附近派出所向警員報案：殺人事件的重要證人住在我家旅館。

關於「片倉屋」有如下的說明——創業於明治中期，招牌雖然寫著「片倉旅館」，但是專門提供從地方來到日本橋馬喰町一帶採買衣物的商人的落腳處。後來，客層漸漸轉變，「這裡在戰爭結束後變成供勞工居住的便宜乾淨旅館，持續營業著。」

「片倉旅館」的名字改成「片倉屋」時，正逢「住宿街」邁入近代化。

其實這一帶在戰前即以整排的簡易旅館聞名。石川淳發表於昭和十年（一九三五年）的早期短篇小說〈貧窮問答〉就是以這裡為舞台背景。

窮書生的「我」因經濟困頓，好不容易接到朋友介紹的法國文學翻譯工作，住進高橋的「木造租賃宿舍二樓」的三疊小房間。如果是暢銷作家通常會到溫泉旅館寫作，但身無分文的年輕人只能住這種地方。當時的深川區（現在的江東區）的森下到猿江一帶稱為「富川町」而非「高橋」，街上整排多是掛著「簡易旅館」、「住宿二十錢起」等看板的「供餐木造洋館二樓及三樓建築物」。

想必這裡是在大正十二年（一九二三年）的關東大地震後，因提供為東京復興的勞工們落腳處而發展成簡易旅館街的。

江東區在戰時因東京空襲而遭受空前損害，戰後為了復興，再度聚集了許多勞工，一如宮部美幸的《理由》裡描述的，「供勞工居住的便宜乾淨旅館」增加。

水木洋子腳本，今井正導演的《純愛物語》（一九五七年）中，因戰爭而失去雙親的少女（中原瞳）和相同遭遇的年輕人（江原真二郎）相愛，無所依靠獨自一人的少女就住在「高橋住宿街」。

雖是架設的造景，「住宿屋」的氣氛營造得栩栩如生。即便旅舍很簡陋，但對不幸的少女來說，這裡就是自己的依歸，是個溫柔包容並接受弱勢人們的溫暖小鎮。

高橋周邊有許多便宜的居酒屋如「魚三」等店，想必是因為附近就是「高橋住宿街」的關係吧！現在都營新宿線的菊川站南側有很多小型商務旅館，讓人聯想到「高橋住宿街」的過往風景。

江戸川區

Edogawa

都電・舊西荒川停留所

❖江戸川區小松川二丁目

三原喜歡搭乘都電……電車速度緩慢加上適度的搖晃，引人陶醉於深思當中。

——松本清張《點與線》

昭和三〇年代的「都電」縱橫行駛於東京都，是都民的代步工具。松本清張第一部長篇作品《點與線》在昭和三〇年代初期出版時即暢銷熱賣，小說中追查事件的警視廳三原刑警總會搭上都電，在車上思考案情。

「三原喜歡搭乘都電，而且是漫無目的搭上電車。雖然沒想好目的地這舉動很奇特，但他總在思考不出答案時，放鬆地坐上電車後沉思。電車速度緩慢加上適度的搖晃，引人陶醉於深思當中。」

真懷念只靠緩慢行駛的都電就能解決日常生活事務的年代。我在昭和三〇年代初始還是個初中生，每天從杉並區的阿佐谷至港區的學校上課，最常搭乘從品川到四谷三丁目之間的七號都電。

都電是以號碼區分路線，多達四十一號，其中最特別的可說是十四號和二十五號了。十四號從新宿行駛到西邊郊區的荻窪，二十五號從日比谷到東邊郊區的西荒川。一般人一聽到荻窪就知道是什麼樣的地方，但對西荒川卻很陌生，它位在現在的江戶川區小松川二丁目附近。如果起站是都內來看，就是荒川（當時站名叫「荒川放水路」）的前一站。

這條都電的行駛距離超過十公里以上，算是長程的，比差不多七公里的新宿荻窪線還要長上許多。行經的地方都很有意思，電車從日比谷發車後，途經大手町、須田町、兩國、錦糸堀（錦糸町車站附近）、龜戶，最後開到西荒川，串連起都心和下町外圍地區。錦糸堀到西荒川這一段，並非行駛在路面軌道上，而是鋪設專用鐵軌。

我上學時搭乘的七號從青山墓地附近即行駛專用軌道，與其說是都電，感覺更接近地方支線的電車。二十五號行經江東區到江戶川區的下町，更有在地情懷。越過隅田川，渡過中川，遠至荒川河畔。都電一路穿越日比谷和丸之內一帶高樓街區來到下町，當時這一帶淨是像小火柴盒似的小型住宅。因為車廂看起來和房子差不多大，當地人以

「火柴盒電車」稱之。

來到終點站，眼前是一片雜草恣意叢生的荒川疏洪道風景，都電竟然能開到這麼遠的地方。這裡也是都電系統最東邊的車站。這一帶歷經都市再造計畫，已是高樓住宅林立之區。都電曾行駛於高速公路七號線、小松川線的下方。

現在已經完全看不出往日的痕跡，也沒有明顯的標示介紹都電。前幾天走在路上詢問附近居民都電的事，可能大部分住戶是新來的，沒人知道這裡曾是都電行經之地。只有商店街的老乾貨行老闆告訴我，「西荒川停留所就在高速公路下方」，真是欣慰。

二十五號線在昭和四十三年（一九六八年）九月廢線停駛。

都電29號線往葛西橋方向行經橋時，為專用軌道。（攝於1960年・東京都提供）

妙見島

❖江戶川區東葛西三丁目

這裡名為妙見島，位於江戶川的沙洲。過橋後就是浦安，也就是千葉縣。

——曾野綾子〈妙見島夕景〉

東京二十三區內有個天然形成的島嶼——這麼寫，相信有很多讀者讀了會大吃一驚，它確實浮在流經東京都和千葉縣邊界的舊江戶川上、像沙洲般的妙見島，地址是江戶川區東葛西三丁目，對岸就是浦安。

南北約七百公尺，東西約二百公尺，如紡錘形的小小島嶼，有東西向的車道貫通全島。要進到島內，只有昭和十五年（一九四〇年）架設的浦安橋，也是唯一的對外通連道路。

曾野綾子有一篇清麗的短篇作品〈妙見島夕景〉（一九六二年）：江戶川沿岸染坊的

女兒在初冬某日到妙見島釣魚，結識了同樣來島上釣魚的拉麵店之子。藉由兩位很適配的年輕人的互動，描寫了入門的釣魚技巧，後來他們漸漸變得熟識。開頭如此寫道：「這裡名為妙見島，位於江戶川沙洲。過橋後就是浦安，也就是千葉縣……這片沙洲有幾家工廠。鐵工廠、油脂工廠等。」

現在這裡仍有許多工廠，像月島食品工廠、東京油脂工業東京廠區、東都化成等，一整排工廠和倉庫看起來就像工業區。

這一帶依然保留了部分昭和三〇年代的風景，例如小說裡的年輕男女在島上釣魚，現在也仍是釣魚客熟悉的地點，北邊有供釣客入住的旅館。二十年前左右還有大眾食堂，現在建築物依然建在，但已經結束營業。

〈妙見島夕景〉裡的兩位年輕人在釣完魚後來到食堂，把釣到的蝦虎魚賣給店家。我想應該是這間大眾食堂吧！以前在這間食堂喝啤酒時，店主曾是浦安的漁夫，他對我說，詩人草野心平戰後曾住在島上。

昭和的代表俳人石田波鄉戰後長住在江東區的北砂，曾出版《江東歲時記》（一九六六年）一書，將波鄉在隅田川東邊的小鎮各地逡巡走訪完成的報紙連載專欄集結而成，內容包括俳句、照片及文章。當中也出現妙見島，照片是貝殼堆積的山，就像媒炭廢棄後的小山：「（島的）北邊有幾個白色隆起的貝殼丘，特別醒目，這些花蛤、青柳貝、文蛤等貝殼堆成的巨大堆積物，是用來作為肥料和漆塗料的原料。」

想來這些都是從當時還是漁港的浦安運來的吧！現在根本不可能再出現的光景。島上有間供奉妙見菩薩的妙見神社，似乎是島名的緣由。

永井荷風在戰前也時常來這一帶散步。《斷腸亭日乘》昭和十一年（一九三六年）四月十六日這一天荷風沿著江戶川散步，一整片田園風景看了讓人心情大為清朗。施工中的浦安橋吸引了他的注意：「這條川流應該是江戶川，對岸想必是浦安，那這就是妙見島了吧，查了隨身的地圖，確實無誤。」妙見島之名被記錄下來。這位喜歡在東京各地散步的文人，也曾留意過這座小島啊！

北區

Kita

板橋瓦斯儲氣槽

❖北區瀧野川五丁目

「這瓦斯圓塔就像要塞般高大地聳立著。」

——鮎川哲也《死亡的風景》

新宿副都心的東京凱悅公園飯店（位於新宿公園塔大樓內）所在地，以前是兩座貯蓄瓦斯的儲氣槽。昭和三〇年代前新宿西口為淀橋淨水場，幾乎沒有高聳建築，這瓦斯儲氣槽算是這一帶的地標，大家都叫它「淀橋瓦斯儲氣槽」。

昭和二、三〇年代的東京，除了淀橋外，大森、南千住、瀧野川等地都有瓦斯儲氣槽，在沒有什麼高樓大廈的時代，這些瓦斯儲氣槽和從遠處就能看到的妖怪煙囪及東京鐵塔一樣，成為明顯的地標。這四個地方，現在除了南千住外的瓦斯儲氣槽已不復存在。

都市化不斷地發展下，市區再也容不下這些瓦斯儲氣槽。其建造時期主要在天然瓦斯普及的明治到大正年間，因為體積龐大，故多蓋在都市的邊陲地區，淀橋和瀧野川以前算是郊區，離市區有點距離。

當時的瓦斯儲氣槽是都市裡嶄新的風景，許多藝術家著迷其摩登外型。四處流浪的畫家長谷川利行在昭和初期曾被隅田川沿岸、南千住的瓦斯儲氣槽吸引，留下〈瓦斯儲氣槽風景〉、〈儲氣槽街道〉等畫作。小津安二郎導演戰前的《東京之宿》（一九三五年）及戰後的《風中的母雞》（一九四八年）電影中，也將碩大的瓦斯儲氣槽呈現在銀幕上。

喜歡在東京各地逡巡漫步的永井荷風也在昭和之初走在現在的江東、砂町附近時，留意到當時砂町的瓦斯儲氣槽。《斷腸亭日乘》昭和七年（一九三二年）四月二十五日這天的日記寫道：「從清洲橋畔共乘小轎車至砂町瓦斯儲氣槽門前。」當時橫十間川沿岸的瓦斯儲氣槽，時常出現在荷風的日記裡，被描述成「宛如高塔」，可見多麼引人側目。

我個人印象最深刻的是北區瀧野川的瓦斯儲氣槽，正式名稱應該是「東京瓦斯瀧野川整壓所」，因為離板橋車站很近，被當地人暱稱為「板橋瓦斯儲氣槽」。大正十一年（一九二二年）東京北邊、鄰近板橋的巢鴨出生的評論家安田武在回憶錄《昭和・東京・私史》中，道出昭和初期仍是孩提時期曾經從巢鴨出發，經由改正道路（現在的白川通）徒步「遠征」至板橋的經驗：「我們稱作『板橋瓦斯儲氣槽』的巨大建築物周圍，望眼盡是廣闊無際的原野，這不正是最適合打棒球的地方嘛！」

從池袋搭乘往赤羽的電車（現在的埼京線）經過板橋車站後，右手邊就是碩大的瓦斯儲氣槽，又因位於中山道旁，這條行經中山道的都電四十一號（連接志村橋和巢鴨車庫前）也可以近距離觀賞瓦斯儲氣槽。

昭和四〇年代初，還在讀大學的我因兼職家教的地方位於板橋，每次前往打工地點時總是能夠眺望這座巨大的瓦斯儲氣槽。鮎川哲也在同期發表的懸疑推理小說《死亡的風景》中，刑警前往瀧野川搜查辦案，看到瓦斯儲氣槽說道：「這瓦斯圓塔就像要塞般高大地聳立著。」近距離觀看時，真的就像「要塞」。

這座瓦斯儲氣槽也於昭和六十一年（一九八七年）消失了蹤跡，現在變成東京瓦斯公司事務所，而行經前方的都電早已停駛。

赤羽

❖北區赤羽一丁目等地

站在赤羽車站月台上，曾是國軍被服廠的磚瓦建築物到了黃昏，被夕陽照出影子，宛如一副異國風情畫，我們把那山丘稱為赤羽蒙馬特山丘。

——司修《赤羽蒙馬特》

最新紅起來的漫畫清野透的《東京都北區赤羽》，書如其名，由住在赤羽附近的年輕漫畫家介紹自己居住的鎮上的奇人軼事和不可思議的店家，一套愛屋及烏、充滿家鄉愛的作品。北邊熱鬧的赤羽是個住起來舒適的庶民之町，作者以幽默筆觸刻劃出赤羽的日常生活。

戰前赤羽發展為軍事重鎮，尤其是西口山丘上建造了各式各樣的軍事設施。現在星美學園所在地一帶原本有赤羽工兵隊，赤羽台團地則有陸軍被服廠，還有射擊場、練兵場、火藥庫等設施，戰後逐漸轉為民間設施。戰前東京北邊的鬧區以王子為主，戰後赤羽不斷地投資發展，現在已是和王子並駕齊驅的繁華地帶。

吉永小百合童星時期演出的電影，早船千代原著、浦山桐郎導演的《有熔鐵煙囪的街道》（一九六二年）裡，住在隔著荒川和赤羽對望的埼玉縣川口市的中學生，開心地說著「到赤羽去玩回來了」。這和杉並區的人到新宿去，世田谷區的人到澀谷出遊的感覺相似吧。

赤羽以夜總會很多而聞名。「赤羽好萊塢」的老闆娘千尋所著《赤羽夜總會物語》（二〇〇二年）中，赤羽對居住在埼玉縣等東京北邊的居名來說，是進入東京都的玄關，想必有不少的渡過荒川來到赤羽遊玩吧！

昭和三〇年代赤羽台出現了當時日本最大、被稱為「長毛象團地」的赤羽台團地住宅區，這個小鎮急速發展起來。但卻帶來另一個大問題——京濱東北線的軌道將車站分成東口和西口，兩邊出入不太方便。東口和西口兩邊明明同樣是赤羽，卻宛如兩個不同的世界。

昭和四十三年（一九六八年）由豐田四郎導演，森繁久彌、法蘭奇堺主演的《喜劇・站前開運》電影裡，以喜劇方式呈現東口和西口商店街互別苗頭的競爭模樣。市容發展分裂的原因在於京濱東北線的平交道讓行人無法通行，難得舉起的平交道被比喻為很難中獎的彩券。平交道旁的女性因為實在等太久了，開始編起了毛線的模樣令人發噓。這問題後來終於因京濱東北線的高架化而獲得紓解。

畫家司修在昭和三十年（一九五五年）左右的少年時期下定決心當畫家、從群馬縣前橋到東京打拚。最早居住的地方即是「東京的玄關口」赤羽。

他的自傳小說《赤羽蒙馬特山丘》（一九八六年）提及，因為物價便宜，許多有潛力的新人畫家住在赤羽：「站在赤羽車站月台上，曾是國軍被服廠的磚瓦建築物到了黃昏，被夕陽照出影子、宛如一副異國風情畫，我們把那山丘稱為赤羽蒙馬特山丘。」貧窮的年輕人將赤羽當成巴黎、把荒川看成塞納河，蘊育著未來的夢想。

飛鳥山公園

❖北區王子一丁目

飛鳥山的丘阜到了大正的今天，所幸還是公園，我們才得以想像往日的勝況美景。

——永井荷風〈成島柳北的日誌〉

東京北邊、京濱東北線王子車站的南邊，沿著鐵道有整片綠地的飛鳥山公園，自江戶時代起一直是老百姓熟悉的庶民休閒景點。八代將軍吉宗在此地種下櫻花樹，和隅田川沿岸的向島齊名為賞櫻名景。在落語橋段〈賞花復仇〉裡也曾登場。

成為近代公園是在明治六年（一八七三年），比日比谷公園還要早，在周圍漸漸都市化中，這座公園依然保留了往日枝葉繁茂的風景。雖名為飛鳥山，其實是一座小山丘，可俯望京濱東北線和東北新幹線。園內還存放都電車廂和蒸氣火車，對鐵道迷來說很是欣慰。

永井荷風在隨筆〈成島柳北的日誌〉（一九二六年）中寫道：「飛鳥山的丘阜到了大正的今天，所幸還是公園，我們才得以想像往日的勝況美景。」荷風之所以愛著飛鳥山，是因為幕末到明治受敬愛的文人成島柳北的祖先成島錦江書寫的植櫻碑就位在這裡，石碑依然立著。

沿著飛鳥山公園行駛的還有都電荒川線。從雜司谷、大塚方面來的電車，在公園一角轉了個大彎，往下坡的王子車站駛去。這段都電路線原本是私人營運的王子電車，明治四十四年（一九一一年）為了接送來飛鳥山遊玩的客人，特地鋪設了大塚至飛鳥山的路線。

物集高音以明治到昭和帝都時代的東京為舞台的推理小說《大東京三十五區：冥都七事件》（二〇〇一年）的其中一篇〈偽電車現身也〉裡，寫到了剛剛通車的王子電車。「大塚至飛鳥山之間，只有二．五公里的距離，叮叮噹叮叮噹，迤邐而行」。發生了電車每到夜晚出現又無緣無故消失的怪異事件，因為是往遊樂場所的電車，成為帝都居民的話題。

因《哥吉拉》、《超人力霸王》成名的特攝電影導演圓谷英二年輕時（大正時代）曾在巢鴨的玩具工廠上班。春天一到會在飛鳥山舉行員工賞櫻活動，有一次同事和其他賞櫻客吵了起來，圓谷少年拚命阻止。原來對方是某電影公司的人，其中一人注意到勸架的圓谷少年，還力勸他到電影公司工作。

拜圓谷英二為師的劇場導演在《昭和電車少年》（一九二一年）裡寫道。「如果沒有那場賞櫻的爭吵，這個世上就不會有《哥吉拉》和《超人力霸王》的誕生了！」

吉永小百合少女時代的作品，源氏雞太原著的《大出世物語》（阿部豐導演，一九六一年）中，住在北區隅田川邊的中學生吉永小百合和同學濱田光夫很要好，兩人一起在飛鳥山公園散步。昭和三〇年代這裡似乎是下町的孩子們最好的約會場所。

最近的飛鳥山公園最受歡迎的是從王子車站搭至山丘上公園的小纜車，乘車時間只有短短兩分鐘。造型像蝸牛的小纜車有個可愛的名字：飛鳥山小蝸牛。

大田區

Ota

森崎

❖大田區大森南四、五丁目

森崎看起來是海埔新生地，四處都可看到牡蠣殼。
——鮎川哲也《黑色皮箱》

從濱松町往羽田的單軌列車途經昭和島時，可以看到寫著「森崎水再生中心」的巨大建築，這裡是東京都的下水處理廠，右手邊也可以看到廠區。「森崎」是大田區大森南四、五丁目的舊町名。

不光是下水處理廠，走在這一帶，四處可以看到殘留著「森崎」舊名。巴士停車場、自治會、消防署也都有「森崎」的字樣，還有個偌大的森崎公園。這一帶許多商店名還冠有「森崎」。東京奧運舉行的昭和三十九年（一九六四年）前後町名變更，但町的居民依舊對原有的名字懷有依戀。

森崎在大正、昭和期間是知名的海邊渡假地大森海岸，也是遊樂場所。明治三十二年（一八九九年）因發現礦泉開始興建旅館和料亭。當時這附近還不是市區，是離市區有段距離的郊區。以當時來說，這裡是個可以輕鬆出遊的好地方。永井荷風在大正時期寫的風俗小說《腕力較量》中，新橋藝伎駒代和熟客吉岡一起到森崎出遊外宿：「駒代……決定推薦吉岡入宿森崎的三春園。」三春園原本是銀座俱樂部的別墅，老闆娘將它租給店內熟客外宿，後來變成料理旅館，可說是森崎的創始老店之一。

這附近有大森海岸，比箱根和熱海離東京更近，也沒有渡假勝地般的人聲鼎沸，反而有一股安靜的郊區氛圍。按染谷孝哉的《大田文學地圖》（一九七一年）可知芥川龍之介、德田秋聲、廣津和郎、尾崎士郎、尾崎一雄等知名的文人都曾造訪森崎，又以「大金」這家溫泉旅館尤其知名。森崎巴士站附近有間小小的大森寺，境內有座「森崎礦泉源泉處之碑」，還有大田區發展沿革的文字說明看板。

如前述，這裡在明治三十二年發現了礦泉，之後發展成遊樂區，後來歷經戰爭的摧殘，一切才告落幕。

戰後這附近新蓋了許多在地的工廠，京濱工業地帶的一角，森崎巴士站前有勞災醫院[註]就是最好的證明。英年早逝的畫家山本祥三，昭和三〇年代時常在東京各處漫步素描，其歿後作品集《東京風物畫集》（一九六三年）出版，對喜歡東京的人來說，是一本很珍貴的畫冊。這位山本祥三在森崎長大，昭和三十二年（一九五七年）死於勞災醫院，得年僅二十九歲。

昭和三〇年代為止，這附近的海域還能養殖海苔，是個帶有海水味的小鎮。昭和三十一年鮎川哲也發表的古典推理小說《黑色皮箱》裡有這樣的描寫：「森崎看起來是海埔新生地，四處都可看到牡蠣殼，採收與養殖海苔用的孟宗竹也隨處可見。」這一帶的海苔養殖也因昭和三十七年（一九六二）東京內灣填平工程，業者只好放棄漁業權而劃下休止符。

註：針對勞工職業傷病的預防、診斷、補償、重建、與勞工福祉而設立的職災醫院，多設立於工業密集區域以就近服務職災勞工。

羽田飛行場

❖大田區羽田機場

那裡宛如小型飯店的大廳，潔淨明亮。半圓形的日曬室位於正面，前方一片廣闊的萬坪草原，可遠眺蔚藍的東京灣。

——獅子文六《胡椒兒子》

機場在某個年代曾是令人憧憬的地方。在出國旅行還遙不可及的昭和三〇年代初，「羽田飛行場」（機場）是東京許多小學的校外郊遊地點，而在那個時代「空中小姐」曾是女性嚮往的職業。我手邊有一張小學四年級秋天到羽田機場郊遊的照片，後方是泛美航空的飛機。

現在的羽田機場在戰後占領時期長期由美軍接管，直到昭和二十七年（一九五二年）營運獨立後才終於結束接管時代。接著三年後航廈大樓竣工，成為日本唯一的國際線機場。這也是當時被選為小學生遠足地點的原因吧！

「羽田飛行場」在昭和六年（一九三一年）由遞信省開設，是日本最早的正統國營機場，有固定航班從東京往返大阪、福岡。

片岡鐵兵於昭和十一年（一九三六年）發表的長篇小說《紅與綠》中，東京的人氣女性雜誌的女社長，只是從東京到大阪，竟難得地搭乘了飛機。以為社長早上還在東京的大阪客戶，沒想到當天下午她就已抵達大阪而驚詫不已，讓人不覺莞爾。除了軍人之外，當時能搭飛機的一般人極為罕見。

昭和一〇年代，「羽田飛行場」成為新興的東京知名景點。昭和十二年在《主婦之友》連載的獅子文六的《胡椒兒子》中，住在麴町老房子的少女某個週日帶著國中生的弟弟到「羽田飛行場」，當計程車接近機場時——

「那就是羽田的飛行場喔！」

「好棒喔，居然有那麼多停機庫！」

而這裡的建築物很摩登：「那裡宛如小型飯店的大廳，潔淨明亮。正面有著半圓形的日曬室，前方一片廣闊的萬坪草原，可遠眺蔚藍的東京灣。」

當時的羽田仍給人遠離市中心的郊區印象。井上靖原著，川島雄三導演的《明天來的人》是國際航廈完成的昭和三十年（一九五五年）的電影作品。登山家三橋達也和同伴們一起出發前往喜瑪拉雅山時，很多人前來送機，在出國旅行還不普及的年代，到羽田送機可說是一大盛事。進入高度經濟成長期後搭乘飛機的旅客變多，也較常出現送機的人了。

昭和三十二年（一九五七年），吉村公三郎導演改編川口松太郎原著的電影《夜之蝶》中，從京都來到銀座酒吧的老闆娘山本富士子，搭飛機往返京都和東京，被稱為「空中飛行女士」……不是很有錢的人是搭不起飛機的。

東京奧運的昭和三十九年（一九六四年），海外往來變得自由，出國旅行終於不再是白日夢。機場單軌列車也是這一年完工的，原來遙遠的羽田對市民來說總算拉近了一些距離。

蒲田操車場

❖大田區新蒲田一丁目

路燈僅少，不知道會跑出什麼來。再往前一點是電車的操車場。

——松本清張《砂之器》

松本清張名著《砂之器》（一九六一年）始於京濱東北線的蒲田車站西南方的操車場（現在的電車機廠及保養維修區）內一具中年男子的屍體。「（蒲田車站再往前）路燈僅少，不知道會跑出什麼來。再往前一點是電車操車場……無數的電車排列在廣大的車庫內。」這座蒲田操車場內發現了被人扼殺的中年男子屍體，因為人煙稀少，所以犯人特地選了此地吧！

源氏雞太原著的青春電影《完美女孩》（一九五六年，瑞穗春海導演）裡，也曾出現當時的蒲田操車場。在丸之內商辦區上班的事務員司葉子一家人因父親笠智眾的事業失敗而不得不搬家。有一天，她和父親去看即將入住的房子，地點就在蒲田操車場附近。

正如《砂之器》中所描寫「路燈僅少，不知道會跑出什麼來」，這裡宛如事業失敗的父親會選擇的住處。後來真的租下了簡陋的木造房屋二樓，唯一欣慰的是窗外可以看到富士山。

《砂之器》於一九七四年由野村芳太郎導演拍成電影，電影裡也拍進了蒲田操車場。一九七〇年代左右，操車場附近已經增加了不少住家和商店。

昭和二十四年（一九四九年）到二十五年井伏鱒二在《別冊文藝春秋》上發表的〈本日休診〉，描寫了蒲田車站附近的醫院院長和家人及生活在周遭的人們的故事。好不容易休診一天卻因緊急病患接二連三來到，讓醫生忙碌不堪。

妻子待產中的男子慌張地趕來醫院求救。男人住在「蒲田車站車庫的電車裡」，真是名符其實的「電車住宅」。「車庫在空襲時著火，好幾台車廂無法使用，所以讓在鐵道工作的家族住在裡面。」書裡如此描述道。

在戰爭結束住宅短少的時代，因空襲而無法使用的電車一時間被當成住宅使用，這些電車正好位於操車場裡。

這不光是蒲田才有的風景，日本各處都可看到（被稱為「電車住宅」或「火車住宅」），十年前江戶東京博物館舉辦「東京建築展」時，還展示了當時的模型。可想而知住在這臨時房屋肯定很不方便，但對年輕人來說，就好像露營車覺得很新鮮。

〈本日休診〉於一九五二年由澀谷實導演拍成電影，也發行了ＤＶＤ。裡面拍進了當時的蒲田操車場，醫院院長（柳永二郎）趕著去接生的地方，就是操車場裡安置的電車住宅。

操車場裡出現拖曳貨物車的蒸氣火車頭的景象讓人十分懷念。操車場現在依然是電車停放區，如昔日般完好存在。

多摩川園

❖大田區田園調布一丁目

多摩川園裡有座非常長的「大山溜滑梯」，付錢後會拿到一塊藺草蓆，墊在屁股下方溜下去。

——宮脇俊三〈回憶裡的玉電〉

東急東橫線的多摩川車站（田園調布的隔壁）曾經叫作「多摩川園前」，因為車站東邊是東急經營的遊樂園多摩川園，在關東大地震後的大正十四年（一九二五年）開園。私人鐵道公司在郊外興建遊樂園的始祖是大實業家小林一三，最早在阪急沿線興建了寶塚新溫泉。

東京也仿效這作法，東橫電鐵（現在的東急）的社長五島慶太打出「溫泉遊樂園」的號召，在郊區的多摩川畔興建了多摩川園，園內有游泳池、摩天輪、飛行塔、旋轉木馬、小汽車、大溜滑梯等，成為孩子們的最愛。春天的賞花和秋天的菊花人形展也熱鬧無比。

園內中心有個稱為「夢之城」的大浴場。遊樂設施的製造商「東洋娛樂機」的社史《摩天輪轉啊轉》（一九八一年）裡寫道，浴場洛可風的八角形外觀，在當時是相當少見的特色建築。室內鋪有從國外訂製的波斯絨毯，天井是彩繪拼貼玻璃。浴槽和洗澡間是大理石材質，香水浴池更引起了話題。建築出自師事設計帝國飯店的萊特的高島四郎之手。

多摩川沿岸也是玉川電氣鐵道（田園都市線的前身）的終點站，現在的二子玉川車站的東邊也興建了玉川遊樂園（戰後變成二子玉川園）。

大正十五年出生，昭和之初在澀谷車站附近長大的紀行文作家宮脇俊三在〈回憶裡的玉電〉（一九九四年）文章裡，比較了多摩川園和玉川遊樂園：「東橫線的多摩川園比玉電的二子川園有趣。多摩川園裡有座非常長的『大山溜滑梯』，付錢後會拿到一塊藺草蓆，墊在屁股下方溜下去……驚悚刺激到了極點。」

以《日本三文歌劇》、《銀座八丁》等知名的昭和作家武田麟太郎有一篇哀傷感人的短篇小說〈情婦〉（一九四〇年）。

中年鰥夫的上班族週日帶著四個小孩到遊樂園，途中邂逅在餐廳裡工作的年輕女性，之後和他們一起同行。「多摩川附近的遊樂園很熱鬧，在塵囂中音樂廳傳來勇武的軍歌，水柱像噴泉射出，旋轉圓盤載著興奮尖叫的孩子們繞圈圈。」雖然沒有清楚寫明，但的確讓人聯想起多摩川園。

這昭和十年（一九三五年）的光景於戰爭期間樂園關閉而消失，戰後再度成為深受孩童喜愛的遊樂園。山田洋次導演的「男人真命苦」第九部《柴又慕情》（一九七二年）裡，吉永小百合和朋友們說：「小學六年級時，我曾和父母一起去多摩川的遊樂園，搭飛機和旋轉木馬，真快樂啊！」

這座人氣遊樂園也在一九七九年關閉，現在變成自然公園，二〇〇〇年時，連站名也改成了多摩川。

品川區

Shinagawa

池上線五反田車站

❖品川區東五反田二丁目

池上線從鄰接五反田車站的百貨公司高層樓發車，在廣闊的目黑川流域的正中央，人工臨時搭建的磚牆盤踞一方。

——大岡昇平《武藏野夫人》

東京的JR車站中，有特色的是JR和地下鐵交錯的「御茶水站」；地下鐵站在JR車站上面的「四谷站」；還有另一個是JR車站很上方才蓋有東急池上線車站的「五反田站」。

池上線的五友田車站在興建當時得跨越JR，故位置蓋得非常高，看起來就像浮在空中，讓人不禁擔心刮起強風時能承受得了風力嗎？月台很短的池上線，現在依然只有三個車廂，與隔壁的大崎廣小路車站之間只有三百公尺的距離，倏忽之間電車就進月台了。

長谷川裕《五反田車站為什麼那麼高?東京周邊鐵道案內》(二〇一〇年)是一本非常有趣的書。據書裡所記載,前身為大正六年(一九一七年)創業的池上電氣鐵道的池上線,原本預計跳過明治四十四年(一九一一年)開設的JR山手線五反田車站,直接通往白金、品川,但興建時因計畫中止而被迫變更,車站才不得不處於目前好似吊在中空的狀態。但也因此讓都內的JR車站產生如此奇特的風景。

五反田在戰前也有紅燈區,五反田車站周邊之所以有現今的熱鬧景況,是因為車站下方旁的白木屋百貨(現在的「Remy五反田」大樓)的四樓出現了以美軍為客人的夜總會的關係。另外,隔壁的大崎車站因為有明電舍等工廠,五反田因應這些大批勞工的需求,誕生了庶民風的飲食街。

大岡昇平戰後的暢銷書《武藏野夫人》(一九五〇年)中,從戰場歷劫歸來的青年勉住在目黑和五反田之間、山手線西側的公寓。當時目黑川沿岸仍有一大片自然風景,從前線回國的士兵勉感受到大自然的慰藉,沒想到小鎮漸漸遭到開發——

「現在窗外的燒燬遺跡中,夾雜著三三兩兩冒出的臨時帳篷,各種輕工業正開始復甦。池上線從鄰接五反田車站的百貨公司高層樓發車,在廣闊的目黑川流域正中央,人工臨時搭建的磚牆盤踞一方。」

文中的「百貨公司」指的就是白木屋。池上線就是從白木屋的「高層樓」駛出。在還沒有很多高樓的時代，池上線的五反田車站真的非常突兀顯眼。

被這有趣造型吸引的人還有小津安二郎導演，在《東京暮色》（一九五七年）中，拋棄家庭的母親山田五十鈴和新任丈夫中村伸郎一起經營的麻將屋就在這一帶，從小路看出去的高處就是池上線的五反田車站，被鏡頭忠實地記錄下來。

車站周邊目黑川沿岸的新興開發地，近年來冒出了許多高樓公寓。遠藤周作原著，浦山桐郎導演的《我拋棄的女人》（一九六九年）中，不幸被拋棄的女性（小林敏惠）就住在這新興開發地一帶的廉價公寓裡。

近年這附近又被重新納入都更規劃，已完全失去了當時的風貌。

都電七號線

❖四谷三丁目至品川車站

我從信濃町車站前搭上往品川的電車，是一輛小型電車，車身嘎嘎地搖晃得很厲害。神宮外苑和青山御所的樹林裡，新綠的枝葉蒼鬱。

——田宮虎彥〈繪本〉

昭和三〇年代，東映推出了人氣電影「警視廳物語」系列，從昭和三十一年（一九五六）到三十九年止，共有二十四部之多，可知其受歡迎的程度。

二〇〇九年，ＣＳ[註]的東映頻道播放了底片仍現存的二十三部，當時可說是一種犯罪紀錄片般地在東京實地拍攝。身為昭和三〇年代東京的愛好者，每一部都讓人入迷。

註：日本的收費衛星頻道。

其中昭和三十四年的這一部尤其讓我驚喜：第十一號作品《沒有遺物》（村山新治導演）。一位獨居公寓的女性遭到殺害。因為這位女性生前很想結婚，花澤德衛飾演的名配角刑警循著這條線索追查，走訪都內各地的婚姻婚介紹所。某一次刑警搭上都電到中央線信濃町車站附近的明治紀念館。這條都電為串連四谷三丁目和品川車站的七號線，途中經過信濃町、青山一丁目、霞町（現在的西麻布）、天現寺橋、魚籃坂下、泉岳寺，最後抵達品川。

說到我個人的回憶，初中上學時，我每天從杉並區的阿佐谷搭乘中央線到信濃町，再轉乘都電七號線到紅十字醫院站下車後，走路到港區麻布的學校。所以，看《沒有遺物》時總令我感到懷念。

這條路線是從大正時代就行駛的市電。田宮虎彥描寫昭和一〇年代的晦澀青春的知名短篇小說〈繪本〉（一九五〇年）中，寄宿在霞町崖下的貧窮大學生搭乘這條都電。他以裁切謄寫印刷紙張的工作賺取生活費。有一次到信濃町的「K醫院」（應該是慶應醫院），回家時的感想：「我從信濃町車站前搭上往品川的電車，是一輛小型電車，車身嘎嘎地搖晃得很厲害。神宮外苑和青山御所的樹林裡，新綠的枝葉蒼鬱。」

小說裡的「我」想起寄宿處隔壁房間的初中生說過這樣的話：「喂，I先生，你不覺得『墓地下』這樣的電車站名，說來真奇怪。你看喔，從青山一丁目，駛到沒有人下車的『墓地裏』，接著是『墓地下』，然後才是『霞町』……」

「墓地」不用說當然是指青山墓地。這條都電從青山墓地附近到天現寺橋之間的路段，行駛在少見的專用軌道，對於行經東京市區的都電來說很罕見，這也是七號線最大的特色。

昭和三〇年代，因數篇傑作短篇成名的山川方夫從慶應幼稚舍一路直升慶應義塾大學。山川方夫住在神奈川縣的二宮，回憶高中時代的作品《煙囪》（一九五四年）裡，有過這樣的敘述：「吞下兩顆水煮馬鈴薯當早餐後出門，我搭乘六點二十九分的火車進京，從品川轉搭都電到四谷鹽町。」

這就是七號都電，「四谷鹽町」是「四谷三丁目」的舊町名。後來，這條都電線也於東京奧運後、昭和四十四年（一九六九年）十月停駛了。

東京西邊近郊

West Side

上井草球場

❖杉並區上井草三丁目

「以前啊……在這裡有過職業棒球隊，巨人隊的選手們都來了呢！」

——永島慎二〈日蔭處〉

二〇一〇年過世的高峰秀子童星時期演過一部名為《秀子的應援團長》的電影，這是昭和十五年（一九四〇年）的作品，導演是後來製作暢銷片「大番」（一九五七年）的千葉泰樹。當時暱稱為「高額頭」、人氣十足的高峰秀子在片中飾演亞特拉斯職棒球隊的學生球迷，製作了加油歌曲，和朋友一起熱情聲援心愛的球隊。飾演亞特拉斯隊當家投手的是人氣歌手灰田勝彥，劇中唱著〈璀燦星座〉之歌。

這電影中出現兩座棒球場，一是昭和十二年（一九三七年）建好的後樂園球場，拍攝了亞特拉斯和巨人隊的對戰。另一個是地方球場，亞特拉斯隊的選手們在這裡練球，高峰秀子和朋友帶著烤番薯一起來到這球場，為弱小球隊的選手們打氣（好可愛！）。

這球場位於何處呢？年輕人聽了或許會大為吃驚，是西武新宿線的「上井草站」（一九二七年開設）南側的上井草球場，到東京奧運前後期間一直都存在著。

按杉並區立鄉土博物館製作的圖文刊物《上井草球場的軌跡》（二〇〇四年），此球場完成於昭和十一年（一九三六年）八月，由西武鐵道所建設，十五年轉讓給東京府（當時東京還是府）。

以現在職棒的人氣來看，會覺得很不可思議，但戰前的日本，提到棒球主要以六所大學的棒球隊為主，職棒還沒有什麼人關注。依靠「打棒球為生」一事，平常人還無法理解吧！

昭和十一年職棒球隊誕生之時，東京幾乎沒有什麼能比賽的球場。當時的上井草球場就是專門為職棒隊練習而建造的（當時的名字是東京球場），是當時的隊伍「東京參議員」的活動據點。

《上井草球場的軌跡》裡記錄了「參議員」隊球員大展身手的野口二郎（一九八九年進入棒球名人堂）、別號「鐵腕」的專訪，野口想起上井草球場，對球場附近的松樹林尤其印象深刻。現在看《秀子的應援團長》時，也是這松樹讓人辨認出是上井草球場。

一九六〇年代深受年輕人喜愛的漫畫家永島慎二曾畫過優秀的短篇漫畫〈日蔭處〉（一九六四年）。住在上井草車站附近的年輕漫畫家在新宿爵士樂咖啡店裡過夜，清晨和店裡工作的年輕女侍一起去球場。當時球場已經年久失修。漫畫家對女生如此聊道：

「以前啊……在這裡有過職業棒球隊，巨人隊的選手們都來了呢！」

「（現在被稱為是）夕陽球場。」

上井草球場因交通便利的後樂園球場蓋好而沒落，戰後雖一度人氣回籠，卻無法回復往昔的輝煌。即便如此，年輕的漫畫家依然對女生說，他很喜歡這座沒落的球場。

現今這裡變成杉並區的區營運動中心。

多摩湖

❖東大和市

丘上綿延的低岸鮮綠掩映其上，水深八十尺的靜謐水面蔓延至湖畔，取水塔有著奇異造型的小巧圓形屋頂，兀自佇立於水中。

——大岡昇平《武藏野夫人》

東京其實也有湖。

西邊狹山丘陵的多摩湖（東大和市），以前稱為村山貯水池，如字面所示是座人工湖，和毗鄰的埼玉縣所澤市的狹山湖（山口貯水池）被稱為「東京水槽」。兩者都建於大正至昭和期間，雖是人工湖，建造後歷經八十多年的歲月，周圍的綠樹濃密，水位滿時，眺望其景致，宛如天然湖泊。多摩湖的兩座取水塔就像西洋古城堡的塔。

詩人作家清岡卓行在一九七二年的夏天從都心移居到多摩湖附近。「雖然是距離都心很遠的郊區，周圍閑靜，空氣清新，枝椏綠葉繁茂，多摩湖及其相連的狹山自然公園

的風景宜人，讓我完全愛上這裡。」（一九八〇年）

移居之後，去多摩湖畔散步、從堤防眺望湖水成為清岡的樂趣。梅雨季節後，看到水量豐沛的湖水景致，快意酣暢，湧起書寫新小說的力量……這可歸功於豐沛水源的力量吧！

昭和二十五年（一九五〇年）的暢銷小說，大岡昇平的《武藏野夫人》中，住在國分寺附近的法國文學家之妻道子，和從戰場回國的表弟勉陷入熱戀，二人曾偷偷遠行幽會。從國分寺搭乘現在的西武多摩湖線，在終點站下車，眼前即是偌大的堤防。被稱為「堰堤」的堤防高約三十公尺，長達六百公尺，由下往上看，簡直像是一面巨大牆壁。

兩人走上階梯來到堤防，「水位幾乎滿位……山丘上綿延的低岸鮮綠掩映其上，水深八十尺的靜謐水面蔓延至湖畔，取水塔有著奇異造型的小巧圓形屋頂，兀自佇立於水中。」秋天的平日周遭幾乎沒什麼人影，在湖水和綠葉包圍下和美麗的道子獨處，勉感到幸福無比。

說到我個人的回憶，昭和二十八年（一九五三年）我還是阿佐谷杉並第一小學三年級的學生，曾到這裡遠足。當時都內小學的遠足地點，通常是村山貯水池和高尾山。

貯水池邊有昭和二十六年開園的遊樂園「Unesco 村」，大家會來這裡遊玩。這裡展示著世界各國的建築，以現在的說法就是主題樂園。其中以荷蘭風車最為著名，翻看當時遠足的照片，確實在風車前拍下了到此一遊的紀念照。

田坂具隆導演於昭和三十年發表的作品《光著身子的小孩》裡出現了Unesco村。父親在戰爭中過逝，和母親（木暮實千代）相依為命的小學生（伊藤敏孝）在學校的遠足日前往Unesco村。他們搭乘觀光火車到Unesco村，孩童選擇想畫的房屋後各自開始寫生，男孩選的是印尼小屋，為什麼呢？因為父親在印尼戰死了……聽了讓人炫然欲泣。

Unesco村於平成二年（一九九〇年）關閉，現在變成了百合花園。

深大寺

❖調布市深大寺元町

門前一整排的蕎麥麵店，每一家都掛著本家或是始祖的大幅招牌。

——永井龍男《身邊雙六》

調布市的深大寺是間現今依然保留著濃厚武藏野風貌的古剎，創建於天平時代，已有一千三百年的歷史。寺廟的周圍有古老的雜木林，東京還有這麼安靜的地方，真教讓人感到欣慰。

三島由紀夫的《鏡子之家》（一九五九年）中，年輕的日本畫家夏雄為了尋求秋天展覽會主題，夏天某日開車來到「多摩的深大寺」。

「太陽已西斜，樹木拉出長長的橫影。他將車子開進古老水車旁的小徑，樹蔭下的閃爍水珠映入眼簾。不久來到古木參天之處，石階上方即是桃山時代的深大寺紅色山門。」夏雄下了車從山門前往深山裡走，走過一段疏林後，整片遼闊的草地原映入眼簾。

「距離市中心不太遠的地方，在夏天的黃昏，竟然身置在天空和遼闊的原野、田畦和森林當中。這種遺世孤立，令人難以置信。」被武藏野的日落時分景致深深吸引的夏雄，將眼前的美景畫下，在展覽會上展出。命名為〈落日〉的畫，獲得非常高的評價。

深大寺廣為人知的契機可說是昭和三十五年（一九六〇年）上映，松本清張原著，由中村登導演的電影《波之塔》美麗的人妻（有馬稻子）和年輕的戀人（津川雅彥）到深大寺幽會。平日人煙罕至，是男女相約的最佳幽會地點。松本清張的原著寫道——

「深大寺一帶盡是湧泉，從泥土和落葉之中滲出，蔓延於花草間，狹窄的斜坡出現小小的水瀑，住家一旁有引水道，泉水穿過粗石堆砌的水門流出……靜謐而杳無人煙。」

深大寺的名產是蕎麥麵，但不是自古就有，而是戰後才開的幾間蕎麥麵店掀起的風潮。永井龍男的隨筆《身邊雙六》（一九七六年）中，和熟識的編輯一起去深大寺時，看到竟有那麼多蕎麥麵店而大為吃驚。「門前一整排的蕎麥麵店，每一家都掛著本家或是始祖的大幅招牌。」因店家數量實在太多，猶豫著不知要進哪一家店才好，結果永井龍男沒吃麵就打道回府。

深大寺還有萬靈塔，是狗和貓的墓園。加賀乙彥的長篇小說《濕原》（一九八五年）中，主人翁為中年汽車修理工，和女大學生一起去深大寺。看到園內有「萬靈塔，深大寺家畜靈園」的指示。女大學生問道：「這是什麼地方？」男人回答：「是貓和狗的墓。那座塔是萬靈塔，四周為墓園。」

我想，西方人對於日本人幫狗和貓建造墓園一事多少有點詫異。

文學森林 LF0070

遇見老東京

94個昭和風情街巷散步

いまむかし東京町歩き

作者

川本三郎

一九四四年生於東京。東京大學法學部畢業。歷經《週刊朝日》、《朝日雜誌》記者，之後離開報社轉為自由文字工作者。筆耕四十餘年，以文藝評論、電影評論、翻譯、隨筆為主，創作質量兼備，領域甚至跨足鐵道、旅遊。

獲獎紀錄與著作：一九九一年《大正幻影》獲三得利學藝獎、一九九六年《荷風與東京》獲讀賣文學獎、二〇〇三年《林芙美子的昭和》獲每日出版文化獎、桑原武夫文學獎。二〇一二年《白秋望景》獲伊藤整文學獎。其他尚有：《我愛過的那個時代》、《依然想念你》、《沒有你的餐桌》、《人生持續下去》等。

譯者

黃碧君

從事翻譯及口譯。現為日本聞文堂版權代理及翻譯公司副代表，致力中書日譯，企畫協辦台灣出版品推廣及業界交流等相關活動。譯作有三浦紫苑《啟航吧！編舟計畫》、《三浦紫苑人生小劇場》、寺山修司《幻想圖書館》、角田光代《明天到阿爾卑斯山散步吧》、柴崎友香《春之庭院》等。經營台灣出版品資訊的全日文網站 motto-taiwan.com/。

美術設計 楊啟巽
責任編輯 陳柏昌
行銷企劃 傅恩群、王琦柔
版權負責 陳柏昌
副總編輯 梁心愉

初版一刷 二〇一六年四月二十九日
定價 新台幣三三〇元

ThinKingDom 新経典文化
發行人 葉美瑤
出版 新經典圖文傳播有限公司
地址 臺北市中正區重慶南路一段五七號十一樓之四
電話 02-2331-1830 傳真 02-2331-1831
讀者服務信箱 thinkingdomtw@gmail.com
部落格 http://blog.roodo.com/thinkingdom

總經銷 高寶書版集團
地址 臺北市內湖區洲子街八八號三樓
電話 02-2799-2788 傳真 02-2799-0909
海外總經銷 時報文化出版企業股份有限公司
地址 桃園縣龜山鄉萬壽路二段三五一號
電話 02-2306-6842 傳真 02-2304-9301

特別感謝小早川秀樹先生與東京都政府概允本書使用相關照片。

遇見老東京 / 川本三郎著；黃碧君譯. -- 初版.
-- 臺北市：新經典圖文傳播, 2016.04
332面；14.8×21公分. --（文學森林；YY0170）
譯自：いまむかし東京町歩き
ISBN 978-986-5824-59-4（平裝）
1.歷史 2.日本東京都

731.72601 105006236